Entre o espetáculo, a festa e a argumentação

mídia, comunicação estratégica
e mobilização social

Rennan Mafra

Entre o espetáculo, a festa e a argumentação
mídia, comunicação estratégica e mobilização social

1ª edição
1ª reimpressão

autêntica

Copyright © 2006 by Rennan Mafra

CAPA
(Sobre foto do Arquivo Projeto Manuelzão)

REVISÃO
Dila Bragança

EDITORAÇÃO ELETRÔNICA
Carolina Rocha

CONSELHO EDITORIAL
Cicilia Maria Krohling Peruzzo
Desirée Cipriano Rabelo
Márcio Simeone Henriques
Nisia Maria Duarte Werneck
Rennan Lanna Martins Mafra

2008
Todos os direitos reservados pela Autêntica Editora. Nenhuma parte desta publicação poderá ser reproduzida, seja por meios mecânicos, eletrônicos, seja via cópia xerográfica, sem a autorização prévia da editora.

Autêntica Editora

Belo Horizonte
Rua Aimorés, 981, 8º andar – Funcionários
30140-071 – Belo Horizonte – MG
Tel: (55 31) 3222 68 19
TELEVENDAS: 0800 283 13 22
www.autenticaeditora.com.br
e-mail: autentica@autenticaeditora.com.br

São Paulo
Tel.: 0800 283 13 22
e-mail: autentica-sp1@autenticaeditora.com.br

M187e	Mafra, Rennan Entre o espetáculo, a festa e a argumentação - mídia, comunicação estratégica e mobilização social / Rennan Mafra . – 1. reimp. – Belo Horizonte : Autêntica , 2008. 192 p. ISBN 978-85-7526-206-1 1.Comunicação. 2.Movimento social. I.Título.

CDU 316.444

SUMÁRIO

Prefácio 9

Introdução 13

Capítulo I
Em busca do debate público e da mobilização social 23

    O processo de debate na esfera pública 23

    O processo de mobilização social 33

Capítulo II
**Mídia, comunicação estratégica
e espaços de visibilidade pública** 39

    Mídia e mobilização social: uma demanda por visibilidade 39

    Comunicação estratégica: construindo
    "conversações" com públicos 42

    Mídia e comunicação estratégica:
    em busca de espaços de visibilidade pública 46

Capítulo III
Entre o espetáculo, a festa e a argumentação 53

    O entendimento de possíveis dimensões
    de estratégias de comunicação para mobilização social 53

    A dimensão espetacular 55

    A dimensão festiva 64

    A dimensão argumentativa 72

    Quadro analítico comparativo das dimensões
    das estratégias de comunicação para Mobilização Social 81

Capítulo IV
**Uma concepção mais ou menos racional: as dimensões
da Expedição Manuelzão Desce o Rio das Velhas** 85

    O projeto Manuelzão 85

    A Expedição Manuelzão Desce o Rio das Velhas: acionando
    a mídia e a comunicação estratégica para a mobilização social.. 89

O detalhamento da Expedição:
nuances de sua concepção e planejamento............................ 91
O entendimento das dimensões da expedição:
as categorias de análise.. 98
Elementos da dimensão espetacular na Expedição............... 98
Elementos da dimensão festiva na Expedição....................... 105
Elementos da dimensão argumentativa na Expedição......... 109

Capítulo V
Um acontecimento mais ou menos amplo: a visibilidade pública da Expedição Manuelzão desce o Rio das Velhas........... 119
Um evento cuidadosamente planejado para gerar visibilidade.. 119
Os espaços de visibilidade presencial,
midiático massivo local e telemático.. 126
O espaço de visibilidade midiático massivo........................... 130
Mídia e Mobilização Social – um olhar a partir da Expedição..... 162

Conclusão
**Em busca de indagações: a mobilização social
e a convocação da vontade política
em processos deliberativos democráticos**................................... 167

Referências... 181

Anexo
**Características Gerais da Cobertura
Televisiva da Expedição nas emissoras de sinal aberto**........... 187

*Para Mazarelo Lanna e Miguel Mafra
(quando tudo começou....)*

PREFÁCIO

Com este livro, Rennan Mafra explora diferentes nuances da relação existente entre os processos de mobilização social e os meios de comunicação na sociedade contemporânea. Ele busca compreender por que agentes sociais, que visam à mobilização social em torno de uma determinada causa, precisam desenvolver um planejamento com estratégias de comunicação diversas, a fim de estabelecer práticas comunicativas com comunidades e grupos sociais específicos, com suas próprias formas de vida, sua cultura e seus interesses e, ainda, com a sociedade em geral. O autor escapa de trajetórias analíticas convencionais para mostrar o profundo entrelaçamento dessas práticas comunicativas com a vida coletiva e os jogos sociais, em diferentes âmbitos da sociedade.

Rennan Mafra mostra que a polêmica questão ambiental deve ser entendida, atualmente, como uma questão de interesse comum e que, portanto, o público deve ser chamado a discutir. A tentativa de representantes políticos e especialistas formular políticas de preservação ambiental de modo plausível, eficaz e justo, não pode valer-se somente de um saber técnico-competente. De maneira prática, a preservação ambiental depende de como as pessoas lidam com o próprio ambiente e fazem uso de recursos naturais no dia-a-dia. Assim, as pessoas comuns devem, de alguma forma, participar da definição do problema da degradação ambiental, compartilhando entendimentos sobre os riscos e os prejuízos dos desastres ecológicos e devem, ainda, sentir-se co-responsáveis pela busca de soluções. Não por acaso, o Projeto Manuelzão – destinado à revitalização da Bacia Hidrográfica do Rio das Velhas e objeto de análise do presente livro – apresenta como lemas *saúde, ambiente* e *cidadania*. Com esses lemas, o Projeto Manuelzão, parte das atividades de extensão da Faculdade de Medicina da UFMG, em Belo Horizonte, baseia-se na compreensão de que o bem viver individual apresenta uma intrínseca relação com a vida coletiva e o entorno social.

Se a questão ambiental deve ser entendida como uma questão de interesse comum, qual a melhor forma de levá-la à atenção do público? Como despertar o interesse de grupos concernidos e da população em geral e fazer deslanchar um debate público sobre a questão ambiental? Como promover o engajamento cívico, já que são as próprias pessoas que definem o que elas querem e precisam tanto individualmente quanto coletivamente? Como lidar com mentalidades e práticas arraigadas, com vistas a uma possível mudança? Para desenvolver esses questionamentos, Rennan Mafra utiliza o aparato das teorias deliberacionistas de democracia e o conceito de esfera pública e investiga a proposta mobilizadora da "Expedição Manuelzão desce o Rio das Velhas", implementada pelo Projeto Manuelzão em 2003. Através de uma análise minuciosa, ele mostra como o planejamento geral da Expedição envolveu diferentes modalidades de mobilização por meio do espetáculo, da festa e da argumentação. Essas categorias de mobilização possuem propriedades distintas, seja para criar um evento extraordinário e capturar a atenção do público, seja para instaurar um envolvimento sociável e afetivo entre as pessoas, seja, ainda, para estabelecer uma relação dialógica entre os participantes do debate sobre a questão em tela. De diferentes modos, o público é chamado, então, a se envolver com a causa da preservação da bacia hidrográfica do Rio das Velhas.

A *Expedição Manuelzão Desce o Rio das Velhas* constituiu-se num evento multifacetado, cuidadosamente planejado para chamar a atenção das populações que vivem nas margens do Rio das Velhas e dos meios de comunicação em geral. Como as práticas comunicativas constituem diferentes esferas de visibilidade pública, com maior ou menor grau de abrangência e impacto? Qual o papel que os meios de comunicação desempenham nesses processos? Reside aí o interesse central da pesquisa desenvolvida por Rennan Mafra. Este livro apresenta ao leitor uma análise estratificada do modo como as diferentes facetas da Expedição – o espetáculo, a festa e os textos argumentativos – ganham expressão no ambiente midiático. Com essa análise, Rennan Mafra mostra que quaisquer julgamentos que façamos sobre o sistema dos *media* – emissoras de televisão e rádio, jornais do próprio projeto e de grandes empresas comercias, revistas e *sites* – têm que se basear em um claro entendimento das organizações de mídia com atores e propósitos distintos, que têm suportes técnicos, modos de operação e cultura profissional peculiares. Esses são ambientes complexos, com finos relevos, que exigem um tratamento rigoroso.

Rennan Mafra apresenta um olhar cuidadoso e, ao mesmo tempo, despojado, atento às particularidades concretas dos fenômenos. Através de laboriosa agregação de detalhes, ele constrói uma trajetória analítica circunstanciada e convincente. É com grande prazer que apresento ao leitor este livro, fruto da dissertação de mestrado desenvolvida por Rennan, sob minha orientação, no Programa de Pós-graduação em Comunicação da UFMG.

Rousiley C. M. Maia

INTRODUÇÃO

Os processos de mobilização social têm sido objeto das mais variadas discussões na contemporaneidade – seja num terreno propriamente acadêmico de investigação, seja num âmbito das práticas interativas dos sujeitos na sociedade. Tal quadro não é mesmo de se estranhar: afinal de contas, o interesse pela mobilização social não representa iniciativa isolada e, não obstante, se elabora em meio a um fluir mais amplo de sentidos, utopias e representações, cuja ontologia localiza-se nas próprias tentativas contemporâneas de viabilização de modelos democráticos possíveis, nas complexas sociedades, calcadas sob a égide da modernidade.

Nesse sentido, a mobilização social – a convocação dos sujeitos, o envolvimento coletivo nas mais variadas causas, a luta por possibilidades de convivência mais justas e igualitárias – apresenta, portanto, uma relação intrínseca com as democracias contemporâneas, e, frente aos inúmeros desafios impostos a cada sociedade / localidade / comunidade, constitui uma questão instigante a ser investigada – uma vez que se insere num movimento mais amplo, dilema da própria democracia.

Dito de outra maneira, as demandas democráticas contemporâneas clamam, cada vez mais, pela necessidade de participação dos sujeitos nas questões públicas, processo esse que não brota espontaneamente, mas prescinde aprendizado, interesses despertados, identificação, um "se-sentir-pertencido" e um "se-sentir-mobilizado" às questões (valores / práticas) que necessitam de (re)definições coletivas.

Como é possível que tal processo aconteça? Como é possível mobilizar os sujeitos à participação coletiva? É possível tomar alguns procedimentos e elaborar estratégias para que os sujeitos se sintam mobilizados e tenham interesses despertados para as questões públicas? Quais seriam os limites e as possibilidades dessas estratégias de mobilização social? Essas – e mais outras – foram as principais questões que nos inspiraram a tomar esse curioso e desafiador percurso de estudos. E, junto a isso – e de maneira peculiar –, acrescentamos provocações fundamentais, a partir das quais se estabeleceram o interesse e o foco de nossa investigação: qual o papel da comunicação para a mobilização social? É possível que meios, instrumentos e estratégias de comunicação tenham participação nos processos mobilizadores? A mídia de massa – representando uma presença peculiar e contraditória nas sociedades contemporâneas – e a comunicação estratégica, em alguma medida, desencadeiam possibilidades nesse processo?

Dessa maneira, a relação entre comunicação estratégica, mídia e mobilização social representa o tema inspirador deste livro. Mais especificamente, buscamos entender como projetos de mobilização social tentam estabelecer processos comunicativos com sujeitos na sociedade e endereçar tematizações à esfera pública, utilizando, para isso, recursos *espetaculares, festivos* e *argumentativos* e empregando, entre outros esforços, estratégias para geração de visibilidade pública.

Sendo assim, guiados por um olhar comunicacional à mobilização social (olhar aqui investigado especialmente pela mídia e pela comunicação estratégica), nosso objetivo primordial é propor o entendimento de três possíveis dimensões da comunicação para mobilização social, a saber: (i) a dimensão de espetáculo; (ii) a dimensão de festa; e (iii) a dimensão de argumentação. De forma mais específica, nosso intuito é perceber quais as características que cada dimensão emprega ao processo mobilizador, a partir de que tipos de relações os sujeitos participam da mobilização, em cada dimensão proposta, e quais as possíveis implicações de cada dimensão – ou de ambas juntas – para os processos políticos e democráticos mais amplos. É válido aqui exemplificar: como a festa, enquanto dimensão mobilizadora, possibilita a participação dos sujeitos em processos de engajamento coletivo? Como ações espetaculares, também como uma possível dimensão da mobilização social, podem se inserir no processo mobilizador e no envolvimento dos sujeitos nas causas propostas? E qual a relação entre essas dimensões e a convocação política dos sujeitos para a deliberação pública das questões que afetam a todos? De antemão, já é possível adiantar que, para o estímulo a um processo de debate na esfera pública, é fundamental que argumentos formulados racionalmente possam ser encaminhados aos sujeitos. Entretanto, algumas vezes, o debate racional é insuficiente para despertar o interesse dos indivíduos por determinadas políticas ou, mesmo, para promover engajamento em prol de certas causas.

As discussões aqui encetadas foram desenvolvidas numa pesquisa de Mestrado, desenvolvida no âmbito do Programa de Pós-Graduação em Comunicação Social da Universidade Federal de Minas Gerais (UFMG), e, portanto, o conteúdo deste livro representa uma adaptação da dissertação defendida em junho de 2005, intitulada:*Visibilidade Midiática e Mobilização Social: entre o espetáculo, a festa e a argumentação – A Expedição Manuelzão Desce o Rio das Velhas*, contando com orientação preciosa da Professora Rousiley Celi Moreira Maia. Dessa maneira, este livro filia-se às discussões do *Grupo de Estudos em Mídia e Espaço Público (EME)*, do Programa de Pós-Graduação em Comunicação, daquela universidade, juntando-se a uma ampla linha de estudos já desenvolvidos com relação a este tema e que, ao longo dos últimos anos, conformaram um certo "lugar" de análise – fruto de disciplinas, dissertações e discussões coletivas.

Acreditamos que estudar o processo de mobilização social a partir da comunicação representa uma empreitada instigante e desafiadora. Entendemos o quanto é fundamental para projetos de mobilização estabelecer processos comunicativos com os sujeitos de forma a despertar interesse para suas causas e ganhar legitimidade pública. E seria limitador desconsiderar, no cenário contemporâneo, o desenvolvimento altamente especializado de meios, técnicas e instrumentos de comunicação, bem como a forte presença da mídia de massa – o que acaba determinando, de forma decisiva, os processos comunicativos e as tematizações.

Sendo assim, para ganhar existência pública, projetos de mobilização social passam a programar estratégias comunicativas, tanto para "chamar" a atenção da mídia de massa, quanto para convocar públicos específicos à participação e ao debate, no intuito de conseguir, por meio de uma determinada visibilidade, o reconhecimento público de suas propostas. Dessa forma, acreditamos que investigar as dimensões das ações de comunicação para mobilização social, bem como os limites e as possibilidades das estratégias e da visibilidade midiática, contribui para elucidar a dinâmica comunicativa contemporânea e as características de um cenário em que projetos de mobilização tentam se posicionar.

O projeto de mobilização que tornou possível o desenvolvimento deste estudo é o Projeto Manuelzão, que tem por principal objetivo a revitalização da Bacia Hidrográfica do Rio das Velhas[1]. Localizada no Estado de Minas Gerais, essa bacia representa uma área que abrange 51 municípios, inclusive a capital mineira, Belo Horizonte, numa área de mais de 30 mil quilômetros quadrados, onde habitam quase 4 milhões de pessoas. Na visão do Projeto, um vasto histórico de degradação

---

[1] O Rio das Velhas é um dos principais afluentes do Rio São Francisco.

ambiental trouxe sérios impactos para o Rio das Velhas e seus afluentes e subafluentes, a partir de um uso social desenfreado e predatório. Como uma tentativa de mobilizar a sociedade para a necessidade de revitalização de toda a área afetada, surge assim, em 1997, o Projeto Manuelzão, proposto na Faculdade de Medicina da Universidade Federal de Minas Gerais, e depois levado para a região da Bacia. Sua estrutura conta com uma Coordenação Central, com sede na Faculdade de Medicina da UFMG, em Belo Horizonte, e com núcleos, constituídos ao longo das microbacias ligadas à grande Bacia do Velhas. Os núcleos, apoiados por essa Coordenação, tentam realizar ações localmente e mobilizar os sujeitos para a causa defendida.

Em linhas gerais, o projeto propõe a revitalização da Bacia do Rio das Velhas não somente como um problema de solução técnica, mas como uma questão de interesse público, acima de tudo político e cultural, que necessita do envolvimento coletivo de todos os habitantes. Nesse sentido, desde sua implementação, ele tenta expandir sua causa de modo a atingir toda a área afetada e emprega esforços para mobilizar os sujeitos, propondo novos significados acerca da existência do próprio rio e, de maneira mais ampla, acerca do próprio meio ambiente. Entendemos que esse processo de mobilização é, acima de tudo, um processo comunicativo: a partir do estabelecimento de uma "conversação" com a sociedade, sujeitos são convocados a se interessar pela causa e a debater publicamente as proposições oferecidas.

Para o desenvolvimento das discussões, presentes neste livro, foi objeto de nosso foco analítico uma ação específica de mobilização social realizada pelo Manuelzão em 2003: a "Expedição Manuelzão Desce o Rio das Velhas". No período de pouco mais de um mês (de 12/09/03 a 13/10/03), três integrantes do projeto percorreram de caiaque o trecho navegável do Rio das Velhas, da nascente até a foz, numa área de aproximadamente 770 quilômetros, acompanhados por uma equipe que seguiu o percurso por terra. Foram feitas paradas programadas em algumas cidades próximas à calha do rio, e eventos foram organizados no sentido de tentar difundir a causa da revitalização. Dessa forma, o objetivo foi realizar uma grande mobilização em toda a Bacia, numa ação conjunta que pudesse envolver todos os núcleos do projeto e a Coordenação Central.

O curioso foi que, para que fosse possível sua execução, a Expedição contou com um amplo período de preparação. O objetivo era que não somente a Coordenação Central planejasse o evento, mas que cada núcleo, ao receber os expedicionários em sua cidade, tivesse autonomia suficiente para planejar ações, acionando os cidadãos para se envolver com a Expedição. Mas, de forma a organizar as iniciativas, o projeto elaborou um planejamento geral do evento e um planejamento específico de comunicação estratégica. Também foram desenvolvidos produtos e instrumentos específicos de comunicação (como o *Guia da Expedição*, o *site* específico para o evento, marca específica, ações e eventos locais) para estabelecer um processo comunicativo e convocar os sujeitos a se mobilizar para a causa. E, ainda, estratégias específicas foram direcionadas à mídia de massa, quanto a meios de comunicação locais, para que estimulassem a cobertura do evento, na tentativa de gerar uma visibilidade ampliada em toda a região – fato que pôde ser verificado, uma vez que a Expedição ganhou considerável repercussão nos principais veículos massivos de comunicação do Estado de Minas Gerais.

Dessa maneira, é possível entender a "Expedição Manuelzão Desce o Rio das Velhas" como uma grande ação de mobilização social cujo principal objetivo, ao lançar mão de recursos da comunicação estratégica e da mídia, foi tematizar publicamente as propostas do projeto e estimular, numa determinada esfera pública, um processo de debate público entre os sujeitos, acerca da causa da revitalização da Bacia do Rio das Velhas.

Como veremos adiante, para que qualquer debate possa ocorrer, é fundamental que os interlocutores forneçam argumentos formulados de maneira racional e expliquem seus pontos de vista, levando em consideração as perspectivas interpretativas dos demais participantes. Entretanto, causou-nos estranheza o fato de o Projeto Manuelzão organizar uma Expedição pelo Rio das Velhas para tematizar, publicamente, a causa de revitalização da Bacia e mobilizar os habitantes, a partir da utilização de vários recursos que lhe conferiram outras dimensões, além de uma dimensão exclusivamente racional. Será que tal fato impediu um possível engajamento coletivo ou, mesmo, a possibilidade de um debate público? As dimensões da Expedição, com atributos não somente racionais, mas afetivos, chamativos ou sentimentais, foram capazes de minar a participação política dos sujeitos em processos mais amplos de debate e deliberação públicos, referentes à causa proposta de revitalização da Bacia do Rio das Velhas?

Nesse sentido, inspirados por esses questionamentos relativos à Expedição e fundamentados por uma discussão conceitual relativa à temática implicada, pretendemos com *Entre o espetáculo, a festa e a argumentação – mídia, comunicação estratégica e mobilização social* levantar discussões e apresentar reflexões sobre a comunicação e a mobilização social, vinculadas a processos democráticos e deliberativos contemporâneos, na busca pelo envolvimento coletivo e pela convocação de vontades políticas dos sujeitos. De tal sorte, este livro se organiza em cinco capítulos.

No primeiro capítulo, *Em busca do debate público e da mobilização social*, situamos as principais questões que norteiam esse estudo, dentro de um determinado campo problemático de conhecimentos. Ao levantarmos uma discussão conceitual que fundamenta os outros capítulos do livro, buscamos compreender que os esforços empreendidos por projetos de mobilização social, para a tematização pública de suas questões, representam "esforços comunicativos" no sentido de tentar estabelecer, basicamente, dois processos: o processo de debate na esfera pública e o processo de mobilização social.

No segundo capítulo, *Mídia, comunicação estratégica e espaços de visibilidade pública*, discutimos a presença da mídia e da comunicação estratégica como duas participações fundamentais na tematização pública de causas, frente ao debate público e à mobilização social. Em outras palavras, há uma tentativa de entender como mecanismos midiáticos e da comunicação estratégica são acionados para que projetos de mobilização social estabeleçam processos comunicativos com sujeitos na sociedade. Além disso, são apresentados alguns possíveis espaços de visibilidade pública, constituídos pela mídia e pela comunicação estratégica, em que tais projetos esforçam-se por tematizar suas causas, e esses espaços são essenciais para a convocação dos sujeitos e para a coletivização das causas.

No terceiro capítulo, *Entre o espetáculo, a festa e a argumentação*, que dá título ao livro, entendemos que, ao tentar obter visibilidade pública e engajamento coletivo, estratégias de comunicação para mobilização social podem ser compreendidas e constituídas, entre outras formas, a partir de três dimensões: uma dimensão *espetacular*, uma dimensão *festiva* e uma dimensão *argumentativa*. Nosso objetivo é analisar detalhadamente as características de cada dimensão e entender seus limites e suas possibilidades em processos de mobilização social.

No quarto capítulo, *Uma concepção mais ou menos racional: as dimensões da Expedição Manuelzão Desce o Rio das Velhas*, descrevemos, em detalhes, toda a proposta da Expedição, com foco em seu planejamento. A partir do modelo de análise desenvolvido no capítulo 3, buscamos analisar a Expedição a partir de três dimensões: a *espetacular*, a *festiva* e a *argumentativa*. Apresentamos e desenvolvemos essas dimensões, procurando evidenciar o modo como elementos de espetáculo, de festa e de expressão argumentativa se articulam em momentos distintos da Expedição. Em termos mais específicos, procuramos observar como tais dimensões são planejadas e colocadas em prática através de estratégias empregadas pelos organizadores e como elas se fazem presentes nos produtos comunicativos produzidos pelo Manuelzão.

No quinto capítulo, *Um acontecimento mais ou menos amplo: a visibilidade pública da Expedição Manuelzão Desce o Rio das*

Velhas, apresentamos os possíveis espaços de visibilidade pública alcançados pela Expedição Manuelzão Desce o Rio das Velhas, com destaque para os espaços de visibilidade midiáticos. Nosso objetivo primordial é entender e analisar, mais detalhadamente, a cobertura da Expedição no espaço de visibilidade midiático massivo. Procuramos entender como a mídia – particularmente a mídia televisiva – se apropria da Expedição e como aquelas dimensões de espetáculo, de festa e de expressão argumentativa se articulam nesse espaço. A nossa pretensão é detectar os *modos operatórios* da mídia para fazer a cobertura do evento.

Nas considerações finais, *Em busca de indagações: a mobilização social e a convocação da vontade política em processos deliberativos democráticos*, trazemos algumas reflexões no sentido de ampliar a temática escolhida e sistematizar questões relevantes, apresentadas ao longo dos outros capítulos. Em relação à Expedição, procuramos entender se a visibilidade midiática gerada pôde ampliar as questões colocadas e se essa amplitude indica a possibilidade da geração de um debate público sobre a revitalização da Bacia do Rio das Velhas, em última análise. Em relação à proposta mais ampla deste livro, buscamos apontar algumas indagações acerca do entendimento da mobilização social como um processo comunicativo, vislumbrado e construído, entre outras possibilidades, pelas dimensões analíticas elencadas, inscrito em processos mais amplos de debate e deliberação públicos, nas democracias contemporâneas.

Da mesma forma que a mobilização social, as discussões aqui propostas não representam, de maneira alguma, uma iniciativa isolada. Fazem parte também de um fluir mais amplo, de sentidos, utopias, conversações e significados. E, em meio a esse fluir, estão as inúmeras conversas, estimuladas por autores e livros, vivenciadas e desenhadas pelas experiências, ou, simples e gostosamente mediadas pela oralidade, em momentos fulgazes e eternos do cotidiano. Conversas preciosas, que transmitiram o saber, o sabor e o querer de se aventurar pela busca por um olhar analítico e sistematizado, de alguns ínfimos pedaços de realidade. Nesse fluir, muitos inclusive nos são anônimos (mas não menos marcantes): ensinaram por meio de gestos, atitudes, olhares, exemplos. E muitos, os quais aqui com imenso afeto agradecemos, nos são conhecidos: família querida, pela presença, sempre doce e única, em todos os momentos; Márcio, por tantos – e tantos – lampejos; Clara, por se aventurar conosco a dar os primeiros passos prazerosos nos caminhos da pesquisa; Rousiley, pela extrema dedicação, entusiasmo e energia (sem você, isso não seria possível); Lena, Ceres e Milena, pela contribuição essencial e afetuosa; amigos, quantos amigos!, pelos momentos raros e poéticos; Lili, pelos lindos pedaços do cotidiano que dividimos juntos; e o Projeto Manuelzão, pela abertura e pela confiança, que foram determinantes para a elaboração das discussões aqui propostas.

CAPÍTULO I

Em busca do debate público e da mobilização social

O processo de debate na esfera pública

O debate e a tematização pública:
sociedade civil e Estado de Direito

O cenário democrático atual é dinâmico, complexo e multifacetado, já que vários projetos e movimentos sociais tentam colocar publicamente suas questões para a sociedade, de forma a negociar entendimentos coletivos e obter apoio e participação dos sujeitos. Bohman (2000) indica a importância do entendimento dos contextos, dos quadros significativos das realidades nas quais esses projetos operam, para que seus discursos críticos possam ser reveladores de novos caminhos, permitindo aos sujeitos re-contextualizar suas opiniões e entendimentos.

Nesse sentido, inúmeros formatos de ação coletiva são constituídos no intuito de permitir o engajamento dos sujeitos. Comitês, conselhos, encontros, palestras, manifestações coletivas, entre outros, buscam convocar indivíduos e estimular o debate público e a deliberação para (re)definição de padrões e normas culturais e institucionais. Essa preocupação se revela fundamental aos projetos e movimentos sociais, pois, como coloca Alexander (1997), tanto uma determinada competência política para a inclusão de novos temas quanto uma criatividade cultural para criação e sustentação de novos significados são fundamentais para que eles possam se firmar publicamente e suas propostas ser entendidas e discutidas.

A existência de projetos e movimentos da sociedade civil aponta, em última análise, para a própria concepção de um "Estado de Direito", concepção que implica a participação ativa de uma sociedade civil mobilizada, em que os sujeitos, na qualidade de participantes de um debate público, buscam balizar as regras que regulam a vida coletiva por meio de uma prática efetiva de comunicação, voltada para o entendimento. Trata-se não de negar o papel do Estado, mas buscar entender as possibilidades da construção de determinadas arenas públicas entre Estado e Sociedade,

> responsáveis por dar visibilidade aos conflitos e ressonância às demandas sociais, permitindo, no cruzamento das razões e valores que conferem validade aos interesses envolvidos, a construção de parâmetros públicos que reinventem a política do reconhecimento dos direitos como medida de negociação e deliberação de políticas que afetam a vida de todos. (TELLES, 1999, p. 163)

Por meio desse prisma, os direitos não se constituem como doação do Estado; ao contrário, o Estado, norteado por princípios democráticos, garantiria os direitos por meio de decisões e deliberações públicas, em que tais cidadãos tenham oportunidade de debater coletivamente as regras responsáveis por conduzir a vida em sociedade. De tal sorte, para alargar o entendimento de tal processo, é fundamental recuperarmos aqui o conceito de "esfera pública".

A esfera pública

A origem do termo "esfera pública" em Habermas (1984) remonta à idéia de que a esfera pública é o espaço de debate e de discussão que os sujeitos privados realizam reunidos em público. A esfera pública não é um lugar específico, materializado ou fundado num território, muito menos carrega limites institucionais delimitados. Para dela participar, segundo Habermas (1997), não são pressupostas normas baseadas, por exemplo, numa diferenciação de competências ou papéis desempenhados pelos sujeitos na sociedade, mas sim outros pressupostos, responsáveis por garantir a existência do debate público e o envolvimento dos "interlocutores". Nesse sentido, o autor expõe que, para a resolução de problemas que afetam a todos, tais sujeitos, mesmo possuindo papéis, competências cognitivas e saberes diferenciados, devem entrar em cooperação comunicativa para coordenar suas ações e buscar a solução para as questões que lhes afligem. Em linhas gerais, para entender esses pressupostos, é fundamental recuperarmos o que o autor discute sobre *discursividade/argumentação* e *publicidade*.

O primeiro aspecto, discursividade e argumentação, implica que os interesses e as posições dos debatedores se apresentem a partir de um raciocínio argumentativo, na forma de palavra ou discurso, para que se submetam ao embate com outros argumentos e obtenham consenso pelo convencimento racional dos envolvidos. A essa capacidade do sujeito de construir o discurso a partir de um procedimento argumentativo racional e justificá-lo através do diálogo, Habermas (1997) chama de "razão comunicativa"[2]. Nesse sentido, a esfera

---

[2] Sobre a "razão comunicativa", HABERMAS (1997, p. 20-21) elucida que "a razão comunicativa [...] não é uma fonte de normas do agir. Ela possui um conteúdo normativo, porém somente na medida em que o que age comunicativamente é obrigado a apoiar-se em pressupostos pragmáticos de tipo contrafactual. Ou seja, ele é obrigado a empreender idealizações, por exemplo, a atribuir significado idêntico a enunciados, a levantar uma pretensão de validade em relação aos proferimentos e a considerar os destinatários imputáveis, isto é, autônomos e verazes consigo mesmos e com os outros; [...] A razão comunicativa possibilita, pois, uma orientação na base de pretensões de validade; no entanto, ela mesma não fornece nenhum tipo de indicação concreta para o desempenho de tarefas práticas, pois não é informativa, nem imediatamente prática".

pública comporta um conteúdo comunicacional do agir orientado pelo entendimento[3].

O segundo aspecto, *publicidade*, indica que o debate deve ser público, no sentido de que tanto o objeto instaurador do debate quanto a formulação dos argumentos e as razões para sustentá-lo devem ganhar exposição e visibilidade, e, conseqüentemente, disponibilidade e acessibilidade na esfera pública.

Dessa maneira, na esfera pública encontramos uma série de opiniões diversas, colocadas na forma de argumentos, em que os fluxos comunicacionais são filtrados e sintetizados, e acabam por se condensar em *opiniões públicas*, enfeixadas em temas específicos (HABERMAS, 1997). Esses fluxos comunicacionais, obviamente, não ficam isolados na esfera pública, mas podem ter origem no *mundo da vida* (o *locus* das interações simples) e atravessar instâncias de ação e saber especializados, atingindo o sistema político formal. Entretanto, a esfera pública mantém uma estrutura comunicacional do agir orientado pelo entendimento e não se especializa nem em direção ao mundo da vida, nem ao sistema político formal. Por meio do debate e do consenso, ela pode modificá-los; entretanto, não assume suas características (deixa, por exemplo, a car-

---

[3] É conveniente notarmos que "os que agem comunicativamente encontram-se numa situação que eles mesmos ajudam a constituir através de suas interpretações negociadas cooperativamente, distinguindo-se dos atores que visam o sucesso e que se observam mutuamente como algo que aparece no mundo objetivo. O espaço de uma situação de fala, compartilhado intersubjetivamente, abre-se através das relações interpessoais que nascem no momento em que os participantes tomam posição perante os atos de fala dos outros, assumindo obrigações ilocucionárias. Qualquer encontro que não se limita a contatos de observação mútua, mas que se alimenta da liberdade comunicativa que uns concedem aos outros, movimenta-se num espaço público, constituído através da linguagem. Em princípio, ele está aberto para parceiros potenciais do diálogo, que se encontram presentes ou que poderiam vir a se juntar" (HABERMAS, 1997, p. 92). Assim, no agir comunicativo, os sujeitos, na qualidade de falantes e ouvintes, tentam negociar interpretações comuns da situação e harmonizar entre si os seus respectivos planos através de processos racionalizados de entendimento e diálogo.

go do sistema político a elaboração especializada de questões politicamente relevantes, e ao mundo da vida, a adaptação das novas situações propostas).

Segundo Habermas (1999), em sociedades complexas, a esfera pública forma uma estrutura intermediária que faz a mediação entre o sistema político, de um lado, e os setores privados do mundo da vida e sistema de ação especializados – em termos de funções – de outro lado. Nesse sentido, a esfera pública representa uma rede complexa que se articula na forma de esferas públicas mais ou menos especializadas, "porém, ainda acessíveis a um público de leigos (por exemplo, em esferas públicas literárias, eclesiásticas, artísticas, feministas, ou, ainda, esferas públicas 'alternativas' da política de saúde, da ciência e de outras)" (HABERMAS, 1997, p. 107). Além disso, nessas sociedades, os sujeitos têm ainda a possibilidade de conviver com inúmeras arenas – diferentes em abrangência e profundidade – que se sobrepõem umas às outras: internacionais, nacionais, regionais, comunais e subculturais. De tal sorte, podemos entender que, nesse quadro, a esfera pública se evidencia por níveis – de acordo com a densidade da comunicação, da complexidade organizacional e do alcance –, que, segundo o autor, podem se dividir em três tipos de esfera pública: a *episódica*, a *de presença organizada* e a *abstrata*. É importante salientar que elas são porosas, ligadas umas às outras, e cada uma possui limites, possibilidades e inserções diferenciadas nos momentos de debate público entre os cidadãos[4].

A circulação de informações inteligíveis que estimulem a atenção dos sujeitos é fundamental. Entretanto, para Habermas

---

[4] Os exemplos citados por Habermas (1997) ajudam a ilustrar cada uma delas: enxergamos a esfera pública episódica em bares, cafés, encontros na rua – momentos não regulares ou instituídos; a esfera pública de presença organizada em encontros de pais, público que freqüenta o teatro, concertos de rock, reuniões de partido ou congressos de igrejas; e a esfera pública abstrata como aquela produzida pela mídia – leitores, ouvintes e espectadores singulares e espalhados globalmente. Não consideramos aqui essas diferenciações como puras e, em algumas situações, não conseguimos definir bem os limites precisos entre elas.

(1997, p. 94), isso não é suficiente para deflagrar um processo de formação de vontade política. As tomadas de posição dos sujeitos somente se formam como resultado de uma controvérsia **"mais ou menos" ampla**, que é capaz de suscitar uma elaboração de forma **"mais ou menos racional"**. Somente assim podemos considerar uma variação no nível discursivo da formação da opinião e na qualidade do resultado. Nesse sentido, entendemos que nenhuma esfera pública se forma por circulação de informações; o importante é que nela os sujeitos, como agentes racionais de ação, forneçam argumentos que justifiquem suas posições e sejam capazes de chegar a acordos na situação mesma de debate.

Porém, mesmo que os sujeitos participem da esfera pública a partir de uma perspectiva racional, é fundamental questionarmos o que Habermas (1997) quer dizer quando emprega os termos "mais ou menos ampla" e "mais ou menos racional", referentes à controvérsia gerada publicamente. Quanto ao primeiro termo, entendemos que uma controvérsia **"mais ou menos ampla"** é aquela que leva e provoca o debate a atores múltiplos, nela envolvidos direta ou indiretamente, e que, de certa forma, obriga-os a se posicionar em público. A partir da exposição de argumentos e da tentativa de convencimento dos interlocutores, os atores orientam-se pelo agir comunicativo para chegar a alguma posição sobre os problemas que os afetam. Dessa maneira, a amplitude da controvérsia está diretamente ligada à visibilidade pública que ganha em diversas esferas da vida social.

Na contemporaneidade, a presença de grandes meios de comunicação massivos é um fator decisivo, uma vez que eles são capazes de perpassar diversas esferas, e, justamente por isso, projetos de mobilização têm empregado esforços para que seus temas ganhem espaço na agenda midiática e sejam "dados a ver" para um maior número de sujeitos. Isso evidencia a importância social dos meios de comunicação, uma vez que, dependendo da situação, podem servir como espécie de arena pública, na qual circulam questões que orientam a vida coletiva. Logicamente, há uma autonomia relativa desses veículos. O acesso a eles é caracterizado por algumas restrições, e, como veremos adiante, no capítulo 2, apresentam determinadas regras de apresentação para a disposição de diversos temas, podendo inclusive estimular discussões e debates públicos e interferir a respeito de assuntos que afetam a sociedade.

Já sobre o segundo termo proposto pelo autor, relativo à existência de uma elaboração **"mais ou menos" racional** provocada pela controvérsia, é fundamental refletirmos sobre o nível de racionalidade necessário para que temas sejam incluídos e debatidos na esfera pública. A partir da teoria do agir comunicativo, entendemos o quanto é importante que os sujeitos possam fornecer argumentos, elaborados de forma racional, para que iniciem debates públicos e convoquem outros sujeitos a se posicionar. É a partir desse processo que, após o debate, há possibilidade de se chegar a um ganho qualitativo no nível da opinião pública sobre a temática envolvida. Mas, desejar que as controvérsias públicas e os debates surjam somente a partir de procedimentos extremamente racionalizados é ignorar que assuntos chegam à esfera pública a partir de outras motivações, para que, num segundo momento, possam estimular debates por meio de argumentos racionais que sejam capazes de sustentar suas propostas. Assim, como colocado pelo autor, a controvérsia é gerada por um processo não *unicamente* racional, mas *"mais ou menos"* racional. Com isso, é possível entender por que apelos emotivos, ações espetaculares e festivas, quando combinadas com o fornecimento de argumentos racionais, facilitam o ingresso de temas na esfera pública. Pode-se, assim, gerar controvérsias e mobilizar sujeitos para se posicionar em relação a suas propostas.

Deliberação pública

Assim, parece-nos instigante investigar mais detalhadamente as tentativas empregadas por projetos e causas sociais no intuito de promover um processo de debate e deliberação pública sobre os mais variados temas. A partir de alguns autores, tais como Bohman, (2000); Habermas (1997); Cohen (1997); Avritzer (2000), podemos compreender a idéia de deliberação pública em, basicamente, dois sentidos: primeiro, como tomada de decisão; segundo, como troca de argumentos / visões em público. De qualquer maneira, a idéia de tomada de decisão não está desvinculada da idéia de debate, através do qual argumentos são trocados em público e justificados por razões. Desse modo, os processos de discussão coletiva na esfera pública (o *locus* privilegiado da argumentação) são fundamentais para processar as regras consideradas justas. Esses mesmos autores desenvolveram estudos esclarecedores que descrevem em detalhes os processos de deliberação pública, as condições ideais de deliberação, os procedimentos de debate, etc.

Nesse sentido, a idéia de uma democracia deliberativa[5] seria capaz de expressar tanto o envolvimento coletivo dos cidadãos na vida pública, em democracias complexas, quanto a definição de direitos por meio de um processo de dialógico de "dar" e "receber" razões em público (BOHMAN, 2000). Assim, momentos de debate e diálogo públicos são compostos por uma pluralidade de agentes que, juntos, tentam convencer uns aos outros e coordenar suas ações.

---

[5] A partir de COHEN (1997) entendemos que a noção de uma democracia deliberativa está enraizada no ideal intuitivo de uma associação democrática, na qual a justificação dos termos e das condições de associação efetua-se através da argumentação pública e do intercâmbio racional entre cidadãos iguais. Em tal ordem, os cidadãos engajam-se coletivamente para resolver, através de uma argumentação pública, os problemas resultantes de sua escolha coletiva e consideram suas instituições básicas legitimadas na medida em que estas conseguirem formar o quadro de uma deliberação pública conduzida com toda a liberdade. Numa visão um pouco diferente, para HABERMAS (1997), o conceito de política deliberativa mira-se num procedimento ideal de deliberação, sendo que esse procedimento, que legitima as decisões corretamente tomadas tem sua estrutura central num sistema político diferenciado e configurado como Estado de Direito, e, por mais que esse modelo deliberativo não incorpore – nem é ideal incorporar – todas as instituições sociais, ele não perde sua legitimidade e sua validade.

Segundo Habermas (1997), quando questões são tematizadas publicamente – através de atos coletivos, conflitos públicos, ações planejadas – cresce a atenção sobre os debates desencadeados na esfera pública (envolvendo aspectos normativos e culturais dos problemas enfocados). O autor salienta que, inclusive, às vezes é necessário o apoio de "ações espetaculares, de protestos em massa e de longas campanhas para que os temas consigam ser escolhidos e tratados formalmente, atingindo o núcleo do sistema político e superando os programas cautelosos dos 'velhos partidos' (HABERMAS, 1997, p. 116)".

Assim, esse processo pode gerar uma pressão nos órgãos normativos do sistema político, e, a partir das razões apresentadas e da própria pressão pública, ocasionar uma mudança normativa a partir de uma tematização que começou na periferia do sistema político. Nas palavras de Habermas (1997, p. 90),

> a emancipação ilegítima do poder social e administrativo, que se afasta do poder comunicativo, gerado democraticamente, poderá ser anulada na medida em que a periferia for: a) capaz de e b) tiver razões para farejar problemas latentes de integração social (cuja elaboração é essencialmente política), identificá-los, tematizá-los e introduzi-los no sistema político, passando pelas comportas do complexo parlamentar (ou dos tribunais), fazendo com que o modo rotineiro seja quebrado.

Assim, para que causas sociais atinjam a esfera pública com suas mais variadas tematizações e sejam capazes de estimular um debate público ampliado, nem sempre somente "argumentos" habilmente construídos são suficientes. Todavia, no mínimo, é fundamental que um processo comunicativo seja estabelecido e mantido, especialmente na superação de alguns obstáculos no processo de endereçamento de tematizações à esfera pública.

O difícil ingresso na esfera pública:
o estabelecimento de uma "conversação" como caminho decisivo

Mesmo que a construção de "bons argumentos" não seja sempre a garantia de estímulo a um processo de debate público, a dinâmica da esfera pública nos leva a compreender como é fundamental aos projetos e movimentos sociais a concepção de um processo argumentativo que possa, antes de tudo, justificar publicamente suas tematizações. E, inclusive dessa forma, Bohman (2000) destaca que as ações na esfera pública não podem ser meramente tarefas estratégicas, porque, por mais que essas estratégias sejam importantes, principalmente no sentido de promover visibilidade para diversas causas, projetos e movimentos devem formular razões para que suas necessidades e problemas mereçam atenção coletiva diante da esfera pública.

Quanto a isso, o autor elucida que atores e movimentos coletivos podem criar ocasiões, cenários e eventos sobre os quais o público poderá deliberar. O autor esclarece que mudanças em entendimentos públicos podem ser marcadas por particulares eventos ou "momentos discursivos cruciais", os quais são capazes de inserir, na esfera pública, temas para ser debatidos. Nesses momentos, as diferentes visões tendem a chegar a público e a ser debatidas em inúmeros fóruns, constituindo uma densa rede de um discurso público. É assim que

> ...os movimentos "iniciam uma conversação" com a sociedade e atraem a atenção dos seus membros para uma compreensão mais global de sua causa. Quando isso acontece, o problema e o grupo que o aciona entram definitivamente na vida pública. (ALEXANDER, 1997, p. 26)

Sendo assim, o estabelecimento de uma "conversação", conforme apontado pelo autor, parece ser o caminho decisivo para que questões possam atingir a esfera pública e ser debatidas pelos sujeitos. Braga (2001, p. 15) assinala que a utilização do termo "conversação" leva-nos imediatamente a um aspecto de troca comunicacional, evitando confusões com outros tipos de interação social. Além disso, essa visão não exclui a mídia (visto que é uma das principais responsáveis pelo estabelecimento das conversações na sociedade) e, ao mesmo tempo, permite construir uma perspectiva que abranja as inúmeras práticas comunicativas que marcam e edificam a vida social e não passam pelo terreno dos meios de comunicação de massa ou de outras mediações tecnológicas.

Nesse sentido, *a forma* é fundamental para encaminhar temáticas à esfera pública. Em outras palavras, questiona-se como é possível estabelecer um processo de conversação na sociedade, de forma que o movimento e sua temática consigam ganhar atenção e se mantenham na vida pública. Desse modo, para estimular uma determinada esfera pública para o debate, no qual é estabelecido um processo comunicativo de caráter racional e interlocutivo, às vezes é necessário que outros tipos de "conversação" sejam estabelecidos, motivados, por exemplo, por meio de apelos emocionais e ações espetaculares. Evidentemente estas não podem impedir totalmente a exclusão de um caráter argumentativo do processo, para que um debate público, no sentido proposto por Habermas (1997), possa ser gerado.

Nesse sentido, estudos já realizados[6] apontam que, na complexidade da sociedade contemporânea, tanto os embates coletivos pela (re)definição de padrões culturais e normativos, quanto a busca pela participação dos sujeitos em debates públicos, interligam-se com um esforço convocatório, no sentido de chamar os cidadãos para atuarem em deliberações públicas. Tal processo pode ser compreendido como *mobilização social*.

O processo de mobilização social

Significados possíveis do verbo mobilizar são os de "dar movimento", "pôr em movimento ou circulação". É relevante observarmos que, quando projetos e movimentos lutam por determinadas causas, há um desejo de "movimentar" as estruturas, os significados, os entendimentos acerca de algumas questões. A propósito, o termo "mobilização social" pode levar ao entendimento de uma série de fenômenos distintos. É dessa forma que Toro & Werneck (2004, p. 13) elucidam:

---

[6] HENRIQUES; BRAGA; MAFRA (2004); MAFRA (2005); TORO; WERNECK (2004).

A mobilização social é muitas vezes confundida com manifestações públicas, com a presença das pessoas em uma praça, passeata, concentração. A mobilização ocorre quando um grupo de pessoas, uma comunidade, ou uma sociedade decide e age com um objetivo comum, buscando, quotidianamente, resultados decididos e desejados por todos.

Nesse sentido, a mobilização social não significa apenas a reunião de indivíduos em torno de uma ação específica. Essa junção deve pressupor, acima de tudo, um acordo mais amplo, e definição de objetivos, como discutimos em outro trabalho:

> [...] a mobilização social é a reunião de sujeitos que definem objetivos e compartilham sentimentos, conhecimentos e responsabilidades para a transformação de uma dada realidade, movidos por um acordo em relação a determinada causa de interesse público.
> (HENRIQUES, BRAGA; MAFRA, 2004, p. 36)

Destarte, para que seja "social", a mobilização pressupõe algum tipo de acordo em relação a determinada causa pela qual se deseja lutar e deve possuir indivíduos envolvidos, que visam transformar a realidade. Para que haja esse acordo, e, principalmente, para que o interesse coletivo seja definido, é necessário que entendimentos sejam negociados e trocados a partir de um processo comunicativo. Isso significa que a mobilização, como prática social, constitui-se, eminentemente, pela comunicação.

Toro &Werneck (2004) fazem coro a essa idéia, quando compreendem a mobilização social como um processo de convocação de vontades para uma mudança de realidade. Na visão dos autores, a mobilização pode ser reconhecida como um ato de comunicação, porque envolve o compartilhamento de discursos, visões e informações e, por isso, exige ações de comunicação em seu sentido mais amplo. "Convocar vontades" e compartilhar "sentimentos, conhecimentos e responsabilidades" pressupõem conversa, troca, partilha intersubjetiva, interação.

De tal sorte, propomos entender a mobilização social por um "olhar comunicacional", especificamente a partir de uma *perspectiva relacional*. Com o propósito de resumir as grandes discussões sobre os paradigmas da comunicação, França (2002) nos elucida que, de maneira geral, é possível entender a comunicação a partir de duas **perspectivas** que podem orientar e organizar os instrumentais conceituais e metodológicos dos estudos em comunicação: uma **perspectiva informacional** e uma **perspectiva relacional**. Uma perspectiva informacional entende a comunicação como um processo de transmissão de mensagens de um emissor para um receptor, provocando determinados efeitos. A partir dessa lógica transmissiva, os estudos contemplam o processo comunicativo de forma mecânica e separada; analisa-se, portanto, a lógica da produção, dos emissores, as características dos meios – evidenciadas por sua natureza técnica e modos operatórios; as mensagens e seus conteúdos; a posição e a atitude dos receptores, além de privilegiar os resultados (os efeitos da transmissão).

Uma perspectiva relacional caminha em outra direção. Esta outra forma de tratar a comunicação entende que:

> [...] a comunicação compreende um processo de produção e compartilhamento de sentidos entre sujeitos interlocutores, realizado por meio de uma materialidade simbólica (da produção de discursos) e inserido em determinado contexto sobre o qual atua e do qual recebe os reflexos. (FRANÇA, 2002, p. 27)

O interessante dessa perspectiva é que ela objetiva buscar a circularidade e a globalidade do processo comunicativo, contemplando uma inter-relação intrínseca entre esses elementos. O processo comunicativo, numa perspectiva relacional, deixa emergir sua vida e seu dinamismo próprios, enxergando os interlocutores (produção/recepção) como instituidores de sentidos, que partem de lugares e papéis sociais específicos. Concluindo, França (2002, p. 27) ainda elucida que "a especificidade do olhar da comunicação é alcançar a interseção de três dinâmicas básicas: o quadro relacional (relação dos interlocutores); a produção de sentidos (as práticas discursivas); a situação sociocultural (o contexto)".

Com base numa perspectiva relacional da comunicação, é possível considerar que a mobilização social tem o intuito de deflagrar processos de emancipação social, dotando os indivíduos de liberdade e autonomia na configuração de suas redes de relações e interações. Acreditamos que a mobilização social, nesse sentido, é fundamental para estimular os sujeitos para o processo de deliberação, numa esfera pública ativa. É relevante notar que essa visão do processo de mobilização não exclui a existência do embate entre diversas posições e entendimentos. O conflito e as contradições são inerentes ao próprio processo. Mobilizar sujeitos se mostra necessário justamente porque existem determinados sentidos coletivos naturalizados que, a partir de uma tematização, são questionados, problematizados e (re)negociados.

Por fim, ainda é possível ponderar sobre a relação entre comunicação, mobilização e participação. Um processo de mobilização social está diretamente ligado com a possibilidade de incluir os sujeitos em suas principais questões e criar mecanismos que propiciem a participação. Em outras palavras, mobiliza-se para estimular uma participação maior na vida coletiva, nas questões que afligem a sociedade, em causas que são de responsabilidade de todos. Contudo, a mobilização social, como um processo comunicativo, instaura uma **relação**, da qual os sujeitos **participam**. Em outras palavras, *a participação num processo de mobilização social é, antes de tudo, criada por uma determinada relação comunicativa estabelecida*. Nesse sentido, estamos particularmente interessados em possíveis **modalidades de participação e interação** em que os sujeitos são envolvidos nas relações comunicativas geradas em processos de mobilização social[7], que serão especificadas no capítulo 3. Acreditamos que

---

[7] Sendo assim, não é proposta deste livro discutir sobre formatos pragmáticos de participação dos sujeitos em ações coletivas nem mesmo modelos institucionais de participação de projetos de mobilização e suas implicações no processo de tematização e publicização de uma causa social.

essas relações caracterizam a "conversação" apontada por Alexander (1997) na subseção anterior.

Tanto o processo de debate quanto o processo de mobilização social são, portanto, processos comunicativos. Nesse sentido, a seguir, buscamos investigar como os recursos da mídia e da comunicação estratégica, – que são usos comunicativos fundamentais nas sociedades contemporâneas complexas – se inserem em processos de debate e mobilização social.

CAPÍTULO II

Mídia[8], comunicação estratégica e espaços de visibilidade pública

Mídia e mobilização social: uma demanda por visibilidade

É inegável a importância fundamental da mídia nas sociedades contemporâneas. Castro (1997) aponta que a mídia, como um terreno conflagrado de sentidos, estabelece relações com a sociedade em basicamente duas dimensões: uma dimensão **"instituída"** e uma dimensão **"instituinte"**. Ao mesmo tempo que ela existe porque fala do próprio social (na dimensão instituída), a mídia, a partir de sua "gramática" e de seus *modos operatórios* próprios, não apenas mostra a realidade, mas a reconstrói (na dimensão instituinte): com suas regras discursivas peculiares, não apenas garante a publicidade e a visibilidade mas, ao realizar a mediação, ela organiza o mundo a seu modo próprio. É um *locus* de inteligibilidade, presente no mundo – abrigando sentidos e representações que

---

[8] Neste livro, empregaremos como sinônimos os termos "mídia" e "meios de comunicação de massa".

podem ser apropriados e interpretados pelos sujeitos em sociedade. De tal sorte, a mídia tem um papel fundamental nas democracias deliberativas, no sentido de ser uma instância privilegiada para gerar visibilidade e, com uma força simbólica considerável, conferir existência pública a temas que antes poderiam não ser problematizados com tamanho alcance e audiência.

Antes do desenvolvimento da mídia, a interação entre os indivíduos ocorria, na maior parte das vezes, em contextos de co-presença, de forma que a visibilidade dependia da partilha de um lugar comum. A esfera pública dificilmente se estendia para além das interações face a face e a territorialidade era condição *sine qua non* para a sociabilidade. Conforme lembra Thompson (1998), os *media* desenvolveram um novo contexto de interações através de um espaço não-localizado espacial e temporalmente.

Em decorrência das novas possibilidades de transmissão de informações, imagens e conhecimentos, a mídia, hoje, é fundamental para estabelecer amplas redes de visibilidade. Como aponta Habermas (1997), a visibilidade aos argumentos e propostas é fundamental para a existência de um debate público. Tornar um tema visível, além disso, representa o primeiro passo para o estabelecimento de um processo comunicativo entre os sujeitos. Desse modo, a mídia oferece "visibilidade ampliada das disputas e controvérsias existentes na vida social e se torna central para a divulgação das produções simbólicas que acontecem nos diversos campos sociais" (FERNANDES, 1999, p. 1).

A partir dessas possibilidades, projetos de mobilização e movimentos sociais em geral procuraram transformar as lutas políticas em lutas por visibilidade e passaram a recorrer à mídia, na tentativa de ampliar entendimentos e conquistar apoio para suas causas. No intuito de operar em conformidade com essa lógica, freqüentemente planejam ações coletivas no sentido de "chamar atenção". Através da mídia, projetos de mobilização podem não só ganhar visibilidade pública como também expandir a constituição de um novo público em formação. Além disso, por funcionar como um *locus* de inteligibilidade no mundo, a mídia de massa pode potencializar e expandir as discussões no espaço público, o que é fundamental para a deliberação. Maia (2003, p. 8) escreve que

> ...a comunicação e a argumentação presentes nos debates internos à cena midiática podem ser estendidos, através da escrita e de outros suportes tecnológicos, a uma variedade de contextos, sendo que, em todos os casos, novas dimensões temporais e espaciais emergem.

De tal sorte, é necessário abandonar uma visão simplificadora da mídia como mera difusora de informações, para o entendimento de sua lógica, seus limites e suas possibilidades. E apesar de a mídia ser efetiva no alcance de diferentes atores e cenários, os sujeitos devem descobrir que ela opera com seu próprio sistema de significação e representação, inclusive com propostas não-públicas. Em outras palavras, é preciso entendê-la como uma instituição de autonomia relativa, que privilegia questões a partir de mecanismos próprios.

Nesse sentido, Maia (2003) estabelece uma discussão sobre os dilemas da visibilidade midiática para a deliberação pública. O espaço da mídia é constituído por um campo de estratégias e contra-estratégias, como em qualquer jogo político, em que diversas relações de interesse se estabelecem entre os atores políticos e os agentes midiáticos, "os quais possuem recursos diversos para filtrar, fazer cortes e edições, seja para criar um enquadramento para os eventos, seja para favorecer deliberadamente determinados atores" (MAIA, 2003, p. 9).

Como se sabe, a mídia raramente permite uma competição justa entre os grupos, para que os diversos atores sociais tenham as mesmas chances para se fazer representar. A mídia não oferece um espaço único e igual para que os movimentos contemporâneos divulguem suas causas. Suas divergências e antagonismos seguem um padrão complexo de interações, em vez de uma relação singular. Nesse sentido, por causa de suas limitações e contradições, projetos de mobilização e movimentos sociais, em geral, recorrem a outras possibilidades de gerar visibilidade para suas causas e construir processos comunicativos com sujeitos, como os recursos da comunicação estratégica e das relações públicas.

Comunicação estratégica: construindo "conversações" com públicos

A comunicação estratégica representa uma forma de construir e estabelecer processos comunicativos de forma planejada, e não espontânea. De maneira geral, a necessidade de pensar a comunicação de forma estratégica veio em decorrência da emergência de uma sociedade moderna, com a consolidação dos regimes políticos democráticos, com a formação de uma determinada opinião pública e com a preocupação, imposta a inúmeras instituições, de estabelecer uma atividade que cuidasse especificamente da relação dessas instituições com públicos a ela vinculados direta ou indiretamente. Dessa maneira, a emergência da comunicação estratégica vincula-se também ao surgimento da atividade de Relações Públicas. Kunsch (2003, p. 90) afirma:

> As relações públicas, como disciplina acadêmica e atividade profissional, têm como objeto as organizações e seus públicos, instâncias distintas que, no entanto, se relacionam dialeticamente. É com elas que ele trabalha, promovendo e administrando relacionamentos e, muitas vezes, mediando conflitos, valendo-se, para tanto, de estratégias e programas de comunicação de acordo com diferentes situações reais do ambiente social.

Para a Associação Brasileira de Relações Públicas (ABRP), "Relações Públicas são a atividade e o esforço deliberado, planejado e contínuo que visa estabelecer e manter a compreensão mútua entre uma instituição pública ou privada e os públicos aos quais esteja direta ou indiretamente ligada" (SIMÕES, 1995, p. 82). Ampliando um pouco esse conceito, entendemos que as Relações Públicas cuidam da *construção de relacionamentos* entre instituições/organizações com os diversos públicos aos quais a ela se relacionam. Dessa maneira, representam um esforço "deliberado", "planejado" e "contínuo". E, desse modo, "construir relacionamentos" é parte de um processo comunicativo estratégico.

Falar de Relações Públicas é, ao mesmo tempo, falar de públicos, que podem ser entendidos como grupos aos quais uma organização direciona determinados tipos de interesses. Durante a história da atividade – que nasceu vinculada ao setor empresarial – são várias as técnicas e segmentações desenvolvidas para a categorização dos públicos, de forma a empregar estratégias comunicativas diferentes para públicos também distintos.

Embora as relações públicas sejam tradicionalmente vinculadas ao setor empresarial, relacionamentos podem ser construídos em organizações e instituições de todo tipo, como é o caso de projetos de mobilização social, movimentos sociais e populares. *Grosso modo*, há em alguns estudos da área uma noção de comunicação estratégica ligada a processos de "formatação e constituição de públicos e da opinião pública" (ANDRADE, 1973; 1975). Entretanto, essa visão se mostra inadequada em processos de mobilização social.

Outros estudos vislumbram a atividade de Relações Públicas não enquanto um instrumental a serviço do capital, dos governos e da hegemonia das classes dominantes, mas enquanto instauradora de processos comunicativos que visam a transformação social. Nesse sentido, compartilhamos da visão de que a atividade de Relações Públicas pode inserir, a partir da formulação de estratégias comunicativas, argumentos na cena pública, estimulando um processo de discussão e debate. É relevante notar que esse processo estratégico vai apontar ou desembocar sempre numa dimensão política, ética e valorativa, revelando as motivações que norteiam todo o processo de envolvimento dos públicos.

Arriscamos dizer que a questão principal, relativa aos usos de recursos de relações públicas, refere-se a que perspectiva orienta a formulação de estratégias. Se a construção de relacionamentos com públicos se dirige por uma perspectiva relacional, no sentido de tentar envolvê-los e fazê-los participar em situações de debate e mobilização social, acreditamos que a comunicação estratégica pode orientar um uso fundamental na proposição de conversações e acordos entre indivíduos.

Peruzzo (1993) aponta que é possível falar de relações públicas populares, ou comunitárias, de um trabalho comprometido com os interesses dos segmentos sociais subalternos organizados ou, num sentido mais amplo, com o interesse público. A autora elucida:

> As relações públicas populares [...] podem ser efetivadas em ações que visem a conscientização, mobilização, adesão, organização e coesão no nível interno dos movimentos; que contribuam no planejamento das atividades e na realização de eventos, pesquisas, produção de instrumentos de comunicação etc.; que facilitem a conquista de aliados, através de uma comunicação eficiente com os públicos e com a sociedade como um todo; que favoreçam a conquista de espaços nos grandes meios de comunicação de massa; que estabeleçam relacionamento adequado com os órgãos do Poder Público e com outras instituições da sociedade. (PERUZZO, 1993, p. 128)

Outros estudos evidenciam a importância de gerar e manter vínculos dos movimentos com seus públicos, e as relações públicas, em projetos de mobilização social, podem cumprir essa função de forma efetiva. Num outro trabalho, em que discutimos sobre a geração desses vínculos, entendemos que a vinculação ideal a ser alcançada pelos públicos, a partir do estabelecimento de estratégias de comunicação, seria a **co-responsabilidade** (HENRIQUES; BRAGA; MAFRA, 2004). A co-reponsabilidade é alcançada quando os sujeitos se sentem envolvidos com o problema, compartilham e dividem a responsabilidade por sua solução, entendendo sua participação como uma parte essencial no todo; ela pode ser compreendida por meio da geração de um sentimento de solidariedade.

Segundo Franco (1995), a solidariedade desencadeia uma ação concreta de cooperação e colaboração na tentativa de suprir carências, ao contrário de ações que tentam jogar a solução dos problemas para o futuro, o que transferiria a responsabilidade da solução do problema para outra época e para outros indivíduos.

Planejar a comunicação de forma estratégica torna-se, então, fundamental, no sentido de promover esses vínculos entre os públicos e os projetos de mobilização social. Assim, não basta somente uma transposição de técnicas e instrumentos utilizados numa comunicação do tipo empresarial, que obedece a uma lógica de vinculação diferente da lógica dos movimentos sociais. Isso se mostraria insuficiente para compreender a dinâmica dos públicos, entre os movimentos. É relevante ressaltar que:

> [...] a geração de um modelo de planejamento respeita, antes de tudo, a uma opção política, orientada por valores. Se estes valores, por uma lado, podem remeter a um tipo de ação autoritária, paternalista, unidirecional, podem, sob outras perspectiva, propiciar ações abertas, multidirecionais, democráticas, sem abrir mão do planejamento como meio de coordenar e organizar as iniciativas. (HENRIQUES; BRAGA; MAFRA, 2004)

Assim, é fundamental que uma determinada competência comunicativa esteja presente nas rotinas dos projetos de mobilização social, tanto no sentido de entender e operar com a "gramática" própria da mídia de massa, quanto no sentido de utilizar de outros meios, técnicas e instrumentos de comunicação que traduzam sua causa, incluam novos temas na cena pública e estabeleçam conversações a partir de procedimentos estratégicos.

Vale notar que o planejamento da comunicação para mobilização social não pode transformar as ações dos projetos de mobilização social em somente ações estratégicas para se alcançar visibilidade. A nossa suposição é que as ações devem vir acompanhadas de razões e argumentos para que possam gerar e sustentar o debate público e a deliberação. Fato é que movimentos sociais que ignoram os processos contemporâneos de comunicação acabam por deixar de conhecer a dinâmica comunicacional da sociedade em sua totalidade, e, com isso, tendem a ter menos possibilidades tanto para tematizar injustiças quanto para obter reconhecimento de sua existência perante os cidadãos.

Mídia e comunicação estratégica: em busca de espaços de visibilidade pública

Como vimos, os recursos da mídia e da comunicação estratégica, em processos de mobilização social, representam usos fundamentais aos projetos no sentido de gerar visibilidade aos temas, provocar um debate público – para (re) definir questões – e promover o engajamento coletivo dos sujeitos.

Tornar um tema visível é, antes de tudo, conferir-lhe existência. E essa é uma das condições para que um processo comunicativo seja estabelecido, bem como para que uma controvérsia pública possa ser gerada. Destarte, uma visibilidade "mais ou menos ampla", (HABERMAS, 1997), que dissemina o tema a atores múltiplos, tende a estimulá-los a se posicionar em público, provocando, assim, o embate de diferentes entendimentos existentes. Dessa maneira, a amplitude de uma controvérsia está diretamente ligada à visibilidade pública que ganha em diversas esferas da vida social. Por isso, aos projetos de mobilização social, importa não somente construir uma causa a ser defendida, mas também encontrar mecanismos responsáveis por tornar essa causa *visível*, para que seja *passível de comunicação e de debate* entre os sujeitos.

Nesse sentido, Weber (2003, p. 12) ressalta que a visibilidade é expressa por estratégias e mecanismos de linguagem e

> [...] a disputa pela ocupação do melhor espaço de visibilidade depende de alguns aspectos essenciais que devem ser descobertos e potencializados: a natureza

da organização em relação aos interesses sociais, políticos e econômicos; estabelecimento de ações e relações com as mídias; a concepção estratégica da comunicação e a utilização de ações e meios adequados às exigências e expectativas recíprocas da organização e de públicos-alvos, assim como em relação à opinião pública.

Dessa forma, a visibilidade não é um processo meramente espontâneo, pois envolve estratégias de composição e apresentação daquilo que se deseja mostrar. Se, por um lado, o conhecimento dessas estratégias pode proporcionar um entendimento mais consistente sobre o processo de mobilização e tematização de uma causa, por outro, também pode representar um grande investimento a ser empregado por parte dos membros de projetos de mobilização, particularmente para a inserção de temas na mídia. Essa esfera, perpassada por contradições, torna-se referência fundamental aos sujeitos, pois é ela que explicita os principais temas que organizam a vida coletiva e a sociabilidade contemporâneas.

Meyer (2002) levanta uma série de considerações sobre a mídia, entre as quais ressalta os mecanismos de seleção e escolha para apresentar e retratar a realidade. Segundo o autor, a mídia tem uma capacidade limitada de transmitir uma imagem completa dos fatos. Contudo, seu sistema de funcionamento muitas vezes permanece invisível ao sujeito, o que pode levá-lo a acreditar que a mídia destaca o mundo "como ele é". Meyer (2002, p. 29), ao dizer do jornalismo – um dos principais ocupantes e representantes do espaço midiático – ainda completa, elucidando que

> este mecanismo de seleção não funciona como uma norma conscientemente aplicada, formulada e deliberada, mas, mais como um consenso profissional tácito que influencia o julgamento de um jornalista, até quando ele ou ela não estão conscientes e explicitamente atentos para a presença deste consenso. O mecanismo é assim guiado pelos atribuídos valores

de reportar notícias, que certa e rigorosamente analisam a vasta extensão de possibilidades de escolhas, para selecionar o material mais provável de capturar a atenção pública.

Mais especificidades sobre o jornalismo na mídia – particularmente o diário-televisivo – serão discutidas no capítulo 5, quando apresentaremos a análise do material midiático televisivo sobre a *Expedição Manuelzão Desce o Rio das Velhas*. De tal sorte, desejamos frisar que, diante das discussões teóricas apresentadas, é necessário abandonar uma visão simplificadora da mídia como mera difusora de informações. Ela é não só *meio* mas também um *agente*, que interfere e participa de todo o processo. Com sua gramática própria, a mídia pode favorecer ou desfavorecer alguns temas, excluir ou incluir determinados acontecimentos, enquadrar e narrar os fatos à sua maneira, mesmo porque a visibilidade midiática é um processo determinado, em grande parte, pelos interesses da própria mídia – fato que justifica a sofisticação de processos de agendamento que buscam fazer com que causas sociais possam adentrar o espaço midiático.

Assim, não é adequado relacionar visibilidade somente com mídia, mas com mecanismos que também possibilitem "deixar pistas" que atraiam os sujeitos, tais como a disponibilização de peças publicitárias e de material audiovisual, a ocupação dos espaços internéticos, a realização de eventos, viagens, premiações, espetáculos e protocolos públicos, etc. (WEBER, 2003) – recursos da comunicação estratégica e das relações públicas.

Dessa forma, podemos perceber como projetos de mobilização se esforçam por adentrar esferas de visibilidade pública, para que suas tematizações ganhem existência e consigam levar suas propostas ao conhecimento de um maior número de sujeitos. É desse modo que esses projetos programam ações estratégicas – tais como eventos públicos, passeatas, manifestações, ações educativas – no intuito de obter visibilidade para suas causas, em diversos *espaços de visibilidade pública*.

Desse modo, consideraremos, neste livro, *espaço de visibilidade pública*, como o espaço físico ou mediado, em que um determinado tema ou assunto torna-se visível e disponível para uma determinada coletividade. É assim que, de maneira mais específica, podemos inferir que ações estratégicas planejadas por projetos de mobilização social podem direcionar-se para cinco possíveis *espaços de visibilidade pública*: o **midiático massivo, o midiático massivo local, o dirigido, o presencial e o telemático.**

O **espaço de visibilidade midiático massivo** pode ser considerado como o gerado por meios de comunicação – emissoras de televisão e de rádio, jornais e revistas – cujo alcance estende-se a um grande número de pessoas, num território geográfico amplo. As informações que circulam nesse espaço não apresentam especificidades de linguagem ou tratamento da informação quanto ao público que irá recebê-las, direcionando-se, em última análise, a qualquer sujeito que se localiza em seu âmbito de circunscrição. O **espaço de visibilidade midiático massivo local** tem o mesmo caráter do massivo quanto ao tratamento da informação, mas difere quanto à área de abrangência: apresenta-se a um território geográfico mais restrito.

O **espaço de visibilidade dirigido** pode ser considerado como o gerado por veículos de comunicação – programas de televisão e de rádio, jornais e revistas, e outras estratégias, como eventos, encontros, seminários – direcionados para públicos específicos, por isso se preocupam em adequar as informações que serão visíveis, a partir do quadro de entendimentos, valores e expectativas de tais públicos. Como exemplos, citamos: um jornal direcionado a crianças, uma revista a médicos, um programa de rádio a educadores, etc. Nesse sentido, não seria a abrangência territorial nem a quantidade de sujeitos envolvidos que caracterizaria tal espaço, mas o segmento de público ao qual sujeitos pertencem, para que a informação a ser veiculada possa ser adequada.[9]

---

[9] O termo espaço de visibilidade dirigido tem como inspiração o conceito de comunicação dirigida. Segundo HENRIQUES, BRAGA & MAFRA,

O **espaço de visibilidade presencial** pode ser considerado como o compartilhado presencialmente pelos indivíduos (em contextos de co-presença). É o espaço da rua, da cidade, da praça, etc. Por fim, o **espaço de visibilidade telemático** pode ser considerado como o gerado na Rede Mundial de Computadores – a Internet, com alcance ilimitado, constituído principalmente por meio de *sites*, fóruns, portais, *blogs*, etc.

Vale considerar que tais categorias, desenvolvidas para o entendimento desses espaços, não são absolutas, muito menos almejam designar formas puras da realidade; além disso, não são sempre obrigatórias no planejamento de estratégias de comunicação. Muitas vezes, ao analisarmos realidades comunicativas de projetos de mobilização social, nem todos os espaços de visibilidade são contemplados – o que, necessariamente, não significa um aspecto negativo.

Tanto as categorias são relativas que dependem do olhar e das referências que permeiam cada ocasião. Por exemplo, um conjunto de meios de comunicação com abrangência num Estado pode ser entendido como parte do espaço midiático massivo, e os meios de comunicação com abrangência num município, como parte do espaço midiático massivo local. Assim também, os meios de comunicação de um município podem ser vistos como constituintes do espaço midiático massivo, e os de um bairro, como do midiático massivo local. Também podemos entender o quanto esses espaços são porosos e se influenciam mutuamente: um espaço midiático massivo pode ser permeado por informações vindas de veículos de

---

(2002, p. 67), comunicação dirigida deve ser entendida como "um processo que tem por finalidade transmitir ou conduzir informações, estabelecendo uma comunicação orientada e freqüente com um público identificado". KUNSH (2003, p. 186), ao tratar da comunicação dirigida, elucida também que "paralelamente ao avanço dos meios de comunicação massiva, existe uma busca de meios alternativos de comunicação direta, cuja seleção é feita pelo próprio homem que avalia e escolhe o que mais lhe interessa. [...]. Dependendo do público, [usa-se] determinado veículo, com linguagem apropriada e específica".

comunicação dirigida; o espaço telemático, por informações vindas do espaço midiático massivo local, e assim por diante. Nesse sentido, tais categorias foram propostas como forma de entendimento das inúmeras realidades em que projetos de mobilização planejam estratégias de comunicação para gerar visibilidade para suas causas, buscando colocar seus temas publicamente em debate. A demarcação analítica desses espaços é, portanto, relativa e não pura.

Sendo assim, para alcançar a esfera pública e estimular um processo de debate público e de mobilização social, como estratégias de comunicação podem ser concebidas e planejadas? Que dimensões de ações estratégicas seriam possíveis para que um projeto de mobilização adentre a esfera pública – por meios dos espaços de visibilidade pública – e estimule um processo de debate e engajamento coletivo? E, em última análise, como essas dimensões, enquanto processos comunicativos, instauram relações e modalidades de participação e interação com os sujeitos? É o que veremos a seguir.

CAPÍTULO III

Entre o espetáculo, a festa e a argumentação

O entendimento de possíveis dimensões de estratégias de comunicação para mobilização social

Em busca do desenvolvimento de um olhar analítico mais específico sobre estratégias de comunicação para mobilização social – e seus mecanismos de articulação frente ao debate público e ao engajamento coletivo, buscamos desenvolver um instrumental capaz de fornecer subsídios para o refinamento e o aprofundamento dessas questões[10]. Sendo assim, propomos três dimensões de análise para entender, caracterizar e

---

[10] Vale lembrar que tal instrumental foi constituído por meio da observação da *Expedição Manuelzão Desce o Rio das Velhas*, como um evento planejado estrategicamente, o que será especificado nos capítulos seguintes. Sendo assim, a partir das diversas nuances do evento, nossa tentativa foi identificar e caracterizar, de maneira mais ampla, possíveis dimensões da comunicação para mobilização social, que pudessem também ser observadas em outras realidades mobilizadoras.

diagnosticar estratégias de comunicação para mobilização social: a dimensão *espetacular*, a dimensão *festiva*, e a dimensão *argumentativa*. A principal idéia implicada nesta proposta é entender as estratégias comunicativas a partir de vários ângulos, várias *dimensões*, que, juntas, formam o *todo* de um processo de mobilização social. Sendo assim, temos:

- **Dimensão "espetacular"**: entendemos que esta dimensão tem como objetivos chamar a atenção, despertar o interesse, capturar a atenção dos sujeitos; sair do ordinário; promover existência pública às causas sociais; enfim, a partir do espetáculo, o projeto de mobilização aparece;
- **Dimensão "festiva"**: entendemos que esta dimensão tem como objetivos permitir o engajamento *in loco*, "corpóreo", dos indivíduos; permitir a vivência e o lúdico; encontra-se expressa em manifestações de rua, festas populares, eventos e momentos de encontro planejados por projetos de mobilização social;
- **Dimensão "argumentativa"**: entendemos que esta dimensão tem como objetivos tornar disponíveis publicamente argumentos que justificam uma transformação coletiva mais ampla; dar aos indivíduos condições para entender as razões de existência pública de uma causa; estimular a incorporação de demandas propostas; estimular e sustentar um debate público.

É importante deixarmos claro que tais categorias, na prática, se misturam e se sobrepõem. Mas o nosso esforço, ao tentar criar esses "tipos ideais", foi buscar operadores analíticos que pudessem dar conta de explicar como projetos de mobilização planejam estratégias para ganhar existência pública. Para sustentar nossa proposta, buscamos, aprofundar as nuances e as peculiaridades de cada uma delas. Nosso intuito primordial, como apontado ao final do capítulo 1, seria entender essas dimensões enquanto instauradoras de processos comunicativos. Por tal razão, um de nossos principais desafios é compreender quais *modalidades de participação*[11] essas dimensões são capazes de estabelecer com os sujeitos nas relações comunicativas que tentam instaurar. Ao final deste capítulo, apresentamos um quadro analítico comparativo de todas as dimensões.

A dimensão espetacular

A palavra espetáculo tem origem na raiz latina semântica *spectaculum*, que significa tudo que atrai e prende o olhar e a atenção. Rubim (2003, p. 90) esclarece que, nesse sentido, o que chama a atenção se conforma como "um ato, um evento social e, excepcionalmente, natural, mas de uma natureza carregada de sentido e memória culturais, como, por exemplo, um pôr-do-sol admirado como 'espetacular'".

Num exercício de recorrer à origem morfológica e semântica das palavras, Gomes (2003) explica: *specto* (spectare) como olhar, ver, considerar, observar; *spectaculum* como o que se dá a ver, o aspecto, o espetáculo; *spectatio (spectationis)* como o ato de olhar, o desfrute visual, a visão de algo; e o *spectator (spectatoris) como* quem vê, o observador, o espectador.

A idéia de espetáculo é apontada em uma série de trabalhos que tomam a relação espetacular como negativa e alienadora. Na perspectiva apontada pelos estudos de Debord (1997), a noção de espetáculo é vista como promovedora de uma experiência vazia, comprometendo a autonomia do indivíduo no social. Obviamente, a obra de Debord (1997) não se resume a tratar do espetáculo como um processo ou evento que

---

[11] Como discutido ao final do capítulo 1, não temos a proposta, neste livro, de investigar formatos pragmáticos de participação dos sujeitos em ações coletivas ou modelos institucionais de participação. Estamos particularmente movidos a entender a participação em processos de mobilização social a partir das relações comunicativas estabelecidas entre projetos e sujeitos. Sendo assim, interessa-nos saber: que tipos de relações comunicativas podem ser instauradas, quais são suas características e como os sujeitos participam dessas relações.

busca chamar a atenção e ganha um caráter próprio meramente por sua excepcionalidade. Suas preocupações evidenciam questões mais amplas: o espetáculo é parte intrínseca da sociedade moderna como um todo, e sua inserção obedece a uma lógica perversa que condiz com a própria evolução e consolidação do sistema capitalista, e faz parte dela.

Logo no início de sua conhecida obra "A sociedade do espetáculo", Debord (1997, p. 13) pondera que "o espetáculo não é um conjunto de imagens, mas uma relação social entre pessoas, mediada por imagens". As sociedades que abrigam as modernas condições de produção se caracterizam como uma acumulação de espetáculos, o que significa que tudo o que era vivido diretamente tornou-se uma representação. Sua argumentação vai além quando defende que:

> quando o mundo real se transforma em simples imagens, as simples imagens tornam-se seres reais e motivações eficientes de um comportamento hipnótico. O espetáculo, como tendência a *fazer ver* (por diferentes mediações especializadas) o mundo que já não se pode tocar diretamente, serve-se da visão como o sentido privilegiado da pessoa humana – o que em outras épocas fora o tato; o sentido mais abstrato, e mais sujeito à mistificação corresponde à abstração generalizada da sociedade atual. Mas o espetáculo não pode ser identificado pelo simples olhar, mesmo que este esteja acoplado à escuta. Ele escapa à atividade do homem, à reconsideração e à correção de sua obra. É o contrário de diálogo. Sempre que haja representação independente, o espetáculo se reconstitui. (DEBORD, 1997, p. 18)

Gomes (2003, p. 26) esclarece que, nessa tradição, o que está em destaque na idéia de espetáculo são, resumidamente, dois aspectos: por um lado, o espetáculo é aquilo que se dá a ver – e, com isso, impede de ver outras coisas; por outro, um conjunto de artifícios técnicos que coloca os espectadores em condições de "mera assistência". Assim, caracterizar algo como "espetáculo" é considerá-lo negativo, porque o que ele representa é pura exibição, mostra ou aparência.

Na sociedade do espetáculo, o princípio da extrema visualidade gera a invisibilidade e o domínio da produção em série de imagens suscita uma artificialidade programada que desarma a realidade das coisas. A lógica do espetáculo, calcada por esse princípio, terminaria por se estender a todos os aspectos da vida social (político, econômico, cultural). Ainda afirma Gomes (2003, p. 26) que, sob esta perspectiva,

> teríamos uma sociedade de coisas sem substância, sem verdade, mas que, por outro lado, constituiu em seu lugar o seu duplo espetacular, as simulações e os simulacros [...]. O avanço da sociedade do espetáculo faria perder de vista, inclusive, a possibilidade mesma de acesso à autenticidade.

Obviamente, esse enfoque negativista deve-se em grande parte a uma leitura particular sobre o surgimento e a consolidação dos meios de comunicação de massa no século XX, que, imbuídos pela lógica mercadológica, são também mantenedores do sistema capitalista. Entretanto, enfoques nessa perspectiva trazem, por vezes, conclusões de que a espetacularização conforma uma sociedade de alienação e de privação total do indivíduo, com a prevalência de uma lógica da mídia-entretenimento, e uma conseqüente despolitização, ainda que em graus variados (DEBORD, 1997).

Também alguns estudos específicos que relacionam espetáculo e política caminham na mesma direção da perspectiva de Debord (1997). Encontramos, por exemplo, essa noção negativa sustentada por SCHWARTZENBERG (1978, p. 1), que, dizendo da política contemporânea, evidencia que

> [...] hoje em dia, o espetáculo está no poder [e] não mais apenas na sociedade [...] de tão enorme que foi o avanço do mal. Hoje, nossas conjecturas já não têm como único objeto as relações do espetáculo e da sociedade em geral [...]; agora é a superestrutura da sociedade, é o próprio Estado que se transforma em empresa teatral, em 'Estado espetáculo'.

A nosso ver, os estudos de Debord (1997) e de toda uma tradição consolidada nesse prisma tratam de processos essencialmente calcados numa lógica capitalista, mercadológica e da leitura do "espetáculo" como um processo negativo, aprisionador do indivíduo no sistema, pela lógica de produção em série de imagens. Não ignoramos que tais estudos trazem importantes elucidações com relação à presença de uma dimensão espetacular na sociedade moderna capitalista, bem como são capazes de elencar e descrever, de forma consistente, características dessa dimensão – algumas questões são válidas para o estudo do conceito de espetáculo de maneira geral. Mas esse enfoque não apresenta sequer a possibilidade de os sujeitos, em algum momento, marcarem sua autonomia, uma vez que o próprio entendimento e a formulação do conceito não nos permitem buscar aspectos positivos do espetáculo. Todo esforço feito será em vão: vivenciamos os tempos do espetáculo, e não há como dele fugir.

Contudo, movimentos e projetos de mobilização operam com uma lógica que não exatamente a de mercado. Como vimos no capítulo 1, eles se esforçam para chegar à esfera pública e colocar suas questões como de interesse coletivo, mobilizando os sujeitos para causas e estimulando debates públicos ampliados. Nesse sentido, é preciso identificar as características espetaculares de ações e estratégias de comunicação para mobilização social, buscando entendê-las como parte de um processo maior, sem perder de vista seu principal objetivo: convocar vontades e reunir sujeitos para a transformação de uma realidade.

Diversos autores vêm reformulando as implicações negativas da noção de espetáculo. Acreditamos que, para lidar com uma outra noção de espetáculo no entendimento de processos de mobilização social, os elementos mais relevantes de tais reformulações seriam:

a) os elementos relacionados à esfera do *sensacional*, do *surpreendente* e do *extraordinário*; e

b) os elementos relacionados à esfera da *encenação*, da *constituição de personagens e narrativas*, da *dramaturgia*.

A instalação de um âmbito extraordinário

A partir da noção de "extraordinário", o espetáculo pode ser entendido em contraposição àquilo que é considerado como ordinário, como "do dia-a-dia", como naturalizado:

> A instalação no âmbito do extraordinário potencializa a atenção e o caráter público do ato ou evento espetacular. A ruptura da vida ordinária, condição de existência do espetáculo, pode ser produzida pelo acionamento de inúmeros expedientes, em geral, de modo intencional, mas, em alguns horizontes, até mesmo de maneira não-prevista. (RUBIM, 2003, p. 90)

Isso significa que a ruptura com a vida ordinária propicia não uma situação de ausência completa de normas sociais, mas a suspensão temporária da vigência das regras cotidianas, uma vez que um outro conjunto de normas produtivas condizentes com o momento do espetáculo impõe-se como necessidade. Rubim (2003) esclarece que a própria ruptura com o cotidiano faz aflorar a exigência de um saber e um conjunto especializado de técnicas para lidar com a construção social do momento excepcional. Tais momentos, portanto, seriam *diferentes*, *espetaculares*.

Para entendermos um dos significados do adjetivo "espetacular", recorremos a Gomes (2003, p. 24), que propõe:

> se o que é digno de apreciação é apreciável, o que merece ser mirado é admirável, o que é objeto constante da nota é notável. Esse mesmo ritmo e lógica nos trazem o sentido contemporâneo de "espetacular" como que merece ser visto e, hiperbolicamente, aquilo cuja visão enche os olhos. Assim, o *spectabilis* é o *visível*, mas também o notável, o belo, o admirável, e a *spectabilitas* de alguma coisa é a sua *excelência*, a sua *glória*.

Gomes (2003, p. 24) faz a mesma tentativa com outro verbo, que talvez traduza o sentido que veio a ser atribuído ao adjetivo "espetacular" na língua portuguesa:

...trata-se de *miro (mirari)*, admirar, contemplar, de onde os adjetivos *mirus*, admirável, maravilhoso, e *mirabilis*, o substantivo *miraculum*, maravilha, prodígio. Daí vem *mirabilia*, que são maravilhas, prodígios, mas, antes de tudo, aquilo que enche os olhos, que chama a atenção.

Sob esse prisma, noções como o grandioso, o excepcional, o extraordinário, o notável, o admirável, ou o que rompe com o ordinário passam a ocupar destaque no entendimento do adjetivo. De tal sorte, ações de mobilização adquirem um caráter espetacular ao procurar elementos que tentam mostrar suas causas como questões que merecem ser *vistas* e *notadas*, e que buscam encher "os olhos" dos sujeitos. Assim, elementos "espetaculares" são utilizados, em última análise, para despertar na sociedade o interesse público pelas tematizações, com a função de **capturar** a atenção dos sujeitos para essas questões.

A constituição da cena e dos espectadores: o caráter dramatúrgico

Gomes (2003, p. 20) também propõe a utilização da idéia de espetáculo em seu sentido cênico: "espetáculo é o que se dá a ver, que coloca o seu apreciador na condição de espectador". Quanto a isso, de acordo com o autor, o espetáculo separa os homens em duas condições: de um lado, os agentes ou atores – os que representam "homens em ação" – e, de outro, os assistentes, pacientes, espectadores, que "desfrutam da ação representada". Aqui é possível também entender que as estratégias de comunicação para mobilização social, que apresentam um "sentido cênico", concedem às ações mobilizadoras um caráter espetacular.

Trazendo novamente as discussões de Gomes (2003), podemos ampliar e compreender a idéia do sentido cênico do espetáculo por meio do entendimento de um *caráter dramatúrgico*. Nesse caso, o que se destaca é o aspecto designadamente teatral ou mimético dessa analogia – o caráter da representação, que separa os sujeitos entre "atores" (agentes, homens de ação) e "espectadores" (assistentes, pacientes que desfrutam da ação representada). Segundo Gomes (2003, p. 21),

> nesse sentido, podem ser destacados, por analogia, alguns aspectos propriamente teatrais da idéia de espetáculo: a idéia de representação, e, portanto, de artifício ficcional; as idéias de papéis e personagens; as idéias de estrutura narrativa e *topos* dramático; a idéia de efeitos emocionais.

Por mais que ações de mobilização, que possuem um caráter dramatúrgico explícito, se configurem, em última análise, pelo uso do teatro propriamente dito, com a encenação de peças e esquetes – elaboradas a partir de temáticas relativas à causa –, a idéia de dramaturgia e de ações "teatralizadas" ou "espetacularizadas" não se encontra apenas em ações genuinamente teatrais. Características da encenação são encontradas em outros tipos de ações. Utilizando os elementos sugeridos por Gomes (2003) na citação acima, temos alguns exemplos: o cenário pode ser a rua, a praça, o rio (no caso da Expedição Manuelzão Desce o Rio das Velhas, como veremos adiante); os personagens podem ser líderes, caminhantes, vítimas; a estrutura narrativa, a própria organização do evento e sua programação (uma caminhada, uma passeata, um show); o *topos* dramático, o momento emocional máximo da narrativa (denúncia; aplausos).

No intuito de entender características da política contemporânea – como uma arena em que se colocam em disputa uma série de causas sociais – Gomes (2003) destaca, no sentido cênico da idéia de espetáculo, dois aspectos importantes na constituição dessa analogia: de um lado, a exibição/visibilidade, e, de outro, a contraposição entre atuação e passividade.

Discorrendo sobre o primeiro aspecto, o autor evidencia a dependência da política contemporânea das esferas de visibilidade socialmente relevantes – existe aí um destaque para os meios audiovisuais de comunicação –, entendendo a realização de grande parte da atividade política como show (para ser assistida e consumida como um produto similar aos da indústria da cultura). O segundo aspecto, não descolado do primeiro, ilustra uma exigência cada vez menor da participação "emocional e corpórea" dos cidadãos, colocando-os na posição de consumidores dos produtos do *show-bizz*. Gomes (2003, p. 20) esclarece:

> ...porque a consumimos na mesma condição de distanciamento e desengajamento conceitual e muscular com que consumimos a programação televisiva nossa de cada dia, cujos universos se referem a mundos da ordem da ficção – que, portanto, só nos afetam emocionalmente durante a apreciação e enquanto nos submetemos, voluntariamente, a um pacto ficcional do qual nos retiraremos assim que a emissão terminar – em suma, porque a consumimos como espectadores, a política nos aparece como espetáculo.

A partir de tais considerações, poderíamos, num primeiro momento, criticar o caráter dramatúrgico de ações de mobilização social. Sob esse prisma, os sujeitos seriam vistos apenas como "consumidores" do espetáculo e, após o término, voltariam a suas atividades rotineiras assim como delas saíram.

Com relação a essas questões, Arendt (1993), em sua obra *A dignidade da política*, oferece importante contribuição. A autora atribui ao "espectador" um papel fundamental: é ele quem pode compreender o espetáculo como um todo – o ator vê apenas uma parte. Obviamente, *a participação do espectador é de caráter contemplativo*, o que não significa que é inválido. Arendt (1993, p. 72) elucida que "o ator depende da opinião, a sua forma de apresentar-se é decisiva; [...] ele não é o seu próprio senhor [...] e deve se portar de acordo com o que os espectadores esperam dele e o veredicto final de sucesso ou fracasso está nas mãos desses espectadores".

Um outro apontamento fundamental é que as ações de mobilização buscam a atenção pública para as mais diversas causas. E se um caráter dramatúrgico é construído, o problema não seria esse caráter propriamente dito, mas a lógica que o comanda. Como já vimos, os processos de mobilização social não se baseiam numa lógica de mercado. Nesse sentido, por mais que estratégias de comunicação com caráter espetacular tomem os sujeitos como *espectadores*, não se espera que eles desempenhem somente esse papel, como veremos adiante.

Sintetizando as discussões, Gomes (2003), propõe que a política-espetáculo seja entendida como aquela que emprega a sua presença na esfera de visibilidade pública como estratégia para obtenção de apoio ou do consentimento dos cidadãos. E ressalta que

> nessa perspectiva, evidentemente o público não participa propriamente da atividade política. Ele está do outro lado, diante da cena, é uma instância de recepção à qual se endereça a atuação da política. Atuação cujo propósito imediato é conseguir a sua atenção e a sua memória e cuja destinação mediata é a busca de sua adesão, aprovação, consentimento. A política em cena quer o cidadão antes de tudo como espectador, mas não o quer definitivamente como assistência. (GOMES, 2003, p. 31)

De tal sorte, por mais que ações de mobilização social se pautem por um aspecto dramatúrgico, seu propósito deve ser compreender os sujeitos não como *assistentes*, mas como uma *audiência* que deve se interessar pela causa para que, num segundo momento, possa participar do processo de forma ativa.

A partir dessas considerações, como vimos também no capítulo 2, entendemos o quão é importante a presença de projetos de mobilização em esferas de visibilidade pública, para que suas causas possam ser endereçadas a um número amplo de sujeitos. Nesse sentido, acreditamos também que uma das funções de ações espetaculares é estabelecer um processo comunicativo mediado, de forma a atingir as principais esferas de visibilidade públicas contemporâneas. Assim, a estrutura narrativa, a utilização de imagens, a criação de personagens e papéis e a tentativa de chamar a atenção da mídia de massa também caracterizam uma dimensão espetacular presente nas ações de mobilização social, como veremos com mais detalhes na análise do material midiático da Expedição Manuelzão Desce o Rio das Velhas, no capítulo 5.

Por ora, interessa ressaltar que a presença de uma dimensão espetacular – em moldes midiáticos ou não – representa uma tentativa de **"capturar" a atenção dos sujeitos** para a causa tematizada, a partir de esforços para promoção da visibilidade pública. Nesse caso, a partir do espetáculo, o público das estratégias de comunicação é entendido como uma grande **"audiência"**, e, nessa dimensão, é possível inferir que a modalidade de participação comunicativa desse público, ao se envolver em relações comunicativas construídas por estratégias espetaculares, é a **contemplação**. Quanto a isso, Gomes (2003, p. 31) ressalta que

> ...a reunião do público numa audiência é apenas a condição imediata para que alcance o seu propósito final, no qual ele deixará de ser um apreciador do que se encena para se transformar em um agente político na decisão do voto, na manifestação de rua, no oferecimento de apoio ou da força do número.

Nesse sentido, o grande desafio imposto às ações estratégicas de comunicação para mobilização social é fazer com que os sujeitos possam sair do papel de *espectadores*, para que também possam assumir outros papéis, por exemplo, o de *participantes* de momentos festivos ou de *interlocutores* de um debate público. Isso nos leva a examinar que ações de mobilização social podem também ser constituídas por outras duas dimensões: uma *festiva* e outra *argumentativa*, como veremos a seguir.

A dimensão festiva

Entender ações de mobilização somente a partir de uma dimensão espetacular não é suficiente. Além de chamar a atenção das pessoas através da mídia de massa e de produtos e estratégias específicas de comunicação que promovem espetacularização, a mobilização social espera mais dos sujeitos. O entendimento do público como **audiência** é uma condição imediata para o seu propósito final: que ele seja também agente político e cidadão e que passe a participar do processo comunicativo não somente por **contemplação**.

Situações de festa, de celebração são muito comuns em projetos de mobilização social. Nesses momentos (que muitas vezes são combinados com momentos espetaculares) os sujeitos são convidados a participar de redes de sociabilidade e a estabelecer um convívio "corpóreo", motivados por atos de comemoração em relação à causa. Bailes, serestas, datas comemorativas e festas em geral representam ações comumente planejadas por projetos de mobilização social. De maneira mais ampla e tendo em vista os propósitos da mobilização social, como tais ações se inserem nesse processo? Quais seriam seus principais atributos num processo mobilizador? Que modalidade de participação comunicativa elas são capazes de instaurar? Baseados nesses questionamentos, podemos considerar que ações desse tipo referem-se a uma determinada dimensão – diferente de uma dimensão estritamente espetacular – a qual nomeamos aqui de "Dimensão Festiva".

Para desenvolver nossas considerações, recorremos a Durkheim (1996), que realiza uma aproximação entre as características de uma determinada vivência coletiva religiosa e as características de uma vivência coletiva festiva. Assim como na religião, no divertimento festivo o indivíduo "desaparece" no grupo e passa a ser dominado pelo coletivo. Em situações desse tipo, os indivíduos são confirmados na sua natureza de seres sociais: é possível vivenciar crenças grupais e reanimar o sentimento que o grupo tem de si mesmo.

Na visão do autor, é interessante observar que as cerimônias festivas – como os rituais religiosos – são imprescindíveis para reavivar os laços intersubjetivos, porque, com o passar do tempo, a consciência coletiva tende a perder suas forças, e esses laços correm o risco de se desfazer. A função revigorante da festa representa uma força no sentido contrário ao da dissolução social: uma espécie de "eletricidade" decorre da aproximação dos indivíduos reunidos em um propósito festivo, que pode levá-los, em poucos instantes, a um grau extraordinário de efervescência. Esses vínculos intersubjetivos e coletivos nascem e são gerados na comunhão, na "realiança", baseados não em interesses racionais, mas em sentimentos e emoções. Nas festas, há uma tendência muito forte dos indivíduos de se reunir mais e experienciar situações de vida diferentes do cotidiano. Tal é a especificidade dessas vivências que o homem torna-se outro.

Na tentativa de encontrar uma definição mais específica para festa, Perez (2002, p. 19) considera que

> ...a festa é, antes de mais nada e acima de tudo, um ato coletivo *extra-ordinário*, *extra-temporal* e *extra-lógico*. Significa dizer que a condição da festa é dada pela confluência de três elementos fundamentais, interdependentes um do outro, que se *con-fundem* uns com os outros, a saber: um grupo em estado de exaltação (leia-se fusão coletiva e efervescência) que consagra sua reunião a alguém ou a uma coisa (toda festa é sacrifício) e que, assim procedendo, liberta-se das amarras da temporalidade linear e da lógica da utilidade e do cálculo.

A autora evidencia que, por ter essas características, a festa estabelece um outro mundo, uma outra forma de experienciar a vida social, marcada pelo lúdico, pela exaltação dos sentidos e das emoções. De tal sorte, ela é instauradora de uma forma de sociação, na qual o destaque é dado pelo estar-junto, pelo fato mesmo da relação. Nesse momento, a autora recorre a Simmel (1983), ao entender a sociação ou sociabilidade como um processo fundamental para a geração do vínculo social entre os sujeitos. Nesse sentido, é possível considerar a festa como uma forma lúdica de sociação e "como um fenômeno gerador de imagens multiformes da vida coletiva" (PEREZ, 2002, p. 17).

Não é nosso intuito aqui reduzir o conceito de sociabilidade a uma categoria de interação – somente a momentos de festa, mais espontâneos. Ao contrário, entendemos que a proposta de Simmel é mais ampla, como aponta Maia (2002) em seu artigo "Sociabilidade: apenas um conceito?". A autora busca examinar o modo como a noção de sociabilidade, mais que uma mera categoria interna à classificação de formas de interação, oferece um relevante ponto de partida para se abordar criticamente a dinâmica das interações sociais e a sempre contraditória articulação destas com a ordem social e os padrões culturais.

Quando Simmel chama atenção especial para o fato de que as formas se desenvolvem na interação, significa que os atores têm condições de modificar e recriar os elementos presentes nas formas estabelecidas, preservando um grau de espontaneidade que nunca se esgota totalmente. Assim, por mais que indivíduos sigam práticas sociais rotinizadas e padrões institucionalizados de comportamento, eles podem ressiginificar as formas de interação, processo esse que pode escapar ao controle administrativo, à regulamentação legal ou ao alcance político. As formas assim possuem um caráter dual, são superiores aos atores mas, ao mesmo tempo, a eles submissas. Isso significa que as ordens sociais dependem da atualização que os próprios indivíduos operam em situações concretas, nos múltiplos interstícios e nichos microscópicos e macroscópicos da vida social. Assim, entendemos que a proposta analítica de Simmel não vislumbra a sociabilidade somente como uma categoria de interação, mas como uma forma de leitura das relações coletivas em sociedade. Desse modo, uma das preocupações de Simmel é com relação ao processo associativo em si, à força que agrega, que une os indivíduos.

A partir desse sentido, é possível, então, entender a sociabilidade como uma forma lúdica de socialização, como num jogo no qual as pessoas jogam/desempenham a sociedade: "como um jogo social, a sociabilidade pode tomar muitas formas, desde as mais universais presentes no instrumento mais abrangente da vida comum da humanidade – a conversação –, até as mais específicas, tal como no jogo erótico do flerte, ou da sedução" (MAIA, 2002, p. 9). Por isso é interessante entender como as festas, que possibilitam o "estar-junto", a interação quase que por ela mesma, são fundamentais no sentido de *promover e potencializar redes de sociabilidade e convivialidade* – mesmo sabendo que as festas não representam as únicas forças agregadoras, que unem os indivíduos, mas que, por suas possibilidades de interação, permitem o "estar-junto", uma peculiar e aglutinadora forma de relação entre os sujeitos.

Em termos mais específicos, segundo Perez (2002), a festa não pode ser entendida somente como ritual nem como uma simples diversão. Obviamente, toda festa tem um certo aspecto ritual, uma vez que conserva determinada dimensão cerimonial. Mas também não deixa de ser igualmente divertimento. Por isso, é a densidade da festa – seu caráter de efervescência coletiva – e seu caráter extratemporal e extralógico que a tornam peculiar.

Para Isambert (*apud* PEREZ, 2002), as festas oscilam entre dois pólos que não se excluem, mas que, possuem afinidades entre si: o da cerimônia e o da festividade. Assim,

> ...toda festa é ritual nos imperativos que permitem identificá-la, todavia ultrapassa-o pelas invenções de seus elementos livres. Em outras festas, é a densidade da festividade que a distingue de um banal divertimento. Mas também existem festas que se situam entre a cerimônia e o simples divertimento, sendo, assim, um gênero misto. (ISAMBERT *apud* PEREZ, 2002, p. 21) Todavia, é um divertimento e uma cerimônia de gênero particular, no qual estão excessivamente acentuados [...] os aspectos efervescentes, vale dizer, propriamente festivos. (PEREZ, 2002, p. 21)

Segundo o autor, embora a festa precise de um objeto ou um motivo de celebração, para o participante da festa seu significado pode se diluir. Isso porque mais importante que o objeto em si mesmo, é a relação com ele. Nos momentos festivos, o que realmente possui significado é a ligação afetiva operada, e não aquilo que liga.

Nesse sentido, Amaral (1998) destaca o caráter simbólico das festas:

> Festeja-se sempre algo, mesmo quando o objeto seja aparentemente irrelevante. A função do símbolo parece não estar então, simplesmente, em significar o objeto, o acontecimento, mas em celebrá-lo, em utilizar todos os meios de expressão para fazer aparecer o valor que se atribui a este objeto.

Sobre a função revigorante da festa, importante também evidenciar o que Durkheim (1996) já salientava a respeito do sentimento de reconforto experimentado pelo sujeito após essas situações. Segundo ele, as "forças" dos indivíduos são retemperadas ao vivo, a partir de instantes de vida menos tensos e mais livres. Durkheim (1996) também destaca que uma das características peculiares das situações festivas é a interrupção do trabalho: a vivência coletiva instaurada nesses momentos possibilita ao homem distrair-se de suas preocupações cotidianas.

Durkheim (1996) confere à festa a função de "reforçar" uma determinada consciência coletiva, ao passo que Kertzer (1998) afirma que esses eventos podem ser utilizados também para "desestabilizar" e "desafiar" a ordem social vigente. Quanto a isso, Perez (2002, p. 23) evidencia o caráter transgressor de algumas festas: nelas encontram-se manifestações como gritos, música, cantos, movimentos violentos, danças e busca de excitantes que aumentem o nível vital. A autora diz que a "*des-ordem* que a festa instaura é produzida pela transgressão das normas vigentes, o que não significa, no entanto, ausência de ordem. Pelo contrário, a festa tem toda uma etiqueta própria que deve ser seguida" (PEREZ, 2002, p. 31-32).

Nesse sentido, a partir das considerações dos autores acima, acreditamos que, para caracterizar a dimensão festiva em processos de mobilização social, os elementos festivos mais relevantes de tais considerações seriam:

a) os elementos relacionados à *construção de cerimônias*;
b) os elementos relacionados à *construção de momentos de divertimento*.

A construção de cerimônias

Mesmo propiciando a espontaneidade e o estar-junto, a festa mantém, em menor ou maior grau, uma certa dimensão de cerimonial, uma dimensão estratégica. Nesse sentido, acontece no lugar mais apropriado, cerca-se da melhor temática, convida determinados sujeitos. De tal sorte, ações de mobilização adquirem um caráter festivo ao utilizar elementos cerimoniais para organizar o encontro entre os sujeitos.

Ao estabelecer uma discussão acerca da utilização de elementos para organizar o encontro entre os sujeitos, em outro trabalho, discutimos sobre a necessidade de os projetos de mobilização social organizarem fatores litúrgicos, que seriam aqueles fatores que, por meio de uma liturgia e de uma ritualística próprias, organizariam o encontro entre os sujeitos (MAFRA; BRAGA; SILVA, 2004). Dessa maneira, cumprindo um papel fundamental para organizar momentos de reunião coletiva, os fatores litúrgicos são responsáveis também para a construção de cerimônias, em momentos festivos e de celebração.

Consideramos válido que uma distinção importante seja feita: a relação entre festa e espetáculo. Isso porque algumas festas, especialmente por causa de seu caráter cerimonial, também possuem uma determinada dimensão espetacular: apresentações musicais, folclóricas, de dança, de teatro. Obviamente, nesses momentos, alguns sujeitos representam mais do que outros, ou seja, numa dimensão mimética, alguns atuam e outros assistem. Mas, no caso da festa, por mais que exista essa dimensão, a relação estabelecida entre os sujeitos não é somente entre espectadores e atores, porque assim ela seria somente espetáculo. Para isso, nos baseamos em Perez (2002, p. 28), que nos diz:

> Uma distinção importante se impõe: embora a festa seja também um espetáculo, distingue-se dele, pois

exige a participação ativa, marcada por esse aniquilamento, por esse abandono de si e na con-fusão com o outro. É impossível ser apenas espectador de uma festa. Ela impõe participação, leia-se relação, o estar-junto.

A construção de momentos de divertimento

Além da construção de eventos com caráter cerimonial, é possível observar que ações festivas também guardam o divertimento como característica de destaque. Contudo, enquanto divertimento, mais do que ser convidado, é preciso que o sujeito **se sinta** convidado: para participar das novas regras instauradas no momento festivo é necessário que haja identificação, acima de tudo, com os anfitriões – aqueles que convidam e organizam a festa – e com os outros sujeitos que estarão presentes e serão também convidados.

Na prática, algumas cerimônias guardam também um caráter de divertimento, mas é possível observar que a dimensão cerimonial exige mais preparação, ensaio e representação. Para o divertimento, basta apenas a disposição para participar e um determinado aniquilamento entre os demais. Forrós, serestas, cantorias, momentos de dança, bebida e comida compõem o divertimento e a espontaneidade das festas.

Como toda festa é um ato coletivo, ela supõe a participação não só de um grupo, mas a participação dos sujeitos – convidados e anfitriões – ainda que em graus e níveis variados. E mesmo que existam níveis variados – aquele que organiza, o que faz a comida, o que se fantasia, o que escolhe a música, o que dança despercebido no meio dos outros – o importante é o estar-junto, a vontade de ligar, a presença dos sujeitos em celebração e comunhão.

Desse modo, a dimensão festiva de ações de mobilização social possui características diferentes da dimensão espetacular: mais do que capturar a atenção dos sujeitos, busca **envolvê-los afetivamente/sentimentalmente**; entende o público como **participante** das festas realizadas, e tem, baseada em laços mais espontâneos de sociabilidade, a **convivialidade** como **modalidade de participação** nas relações comunicativas instauradas pelas festas.

Por fim, entendemos que a festa não deixa de ser um ato político. Nesse sentido, Chaves (2003, p. 70) apresenta uma preciosa contribuição:

> [...] na concepção antiga a política era representada como instância da persuasão – em que cabia o artifício da retórica –, suposto da decisão pacífica e racional, marca da relação dos iguais, cidadãos da *polis*; na festa, através da relação que a constitui, enuncia-se a política como *adesão*, comunhão afetiva, que suprime na identificação a equanimidade.

Dessa maneira, como aqui tratamos de processos de mobilização social (e entendemos a mobilização como um processo político), destacamos como a presença de uma dimensão festiva é importante. Os sujeitos não se mobilizam apenas por recursos espetaculares, mas é fundamental que possam se encontrar em situações de co-presença, nas quais reafirmem e reforcem seus laços e vínculos. Por outro lado, é fundamental que os projetos mobilizadores, ao "reforçar estes vínculos", possam criar condições de igualdade moral e política dos sujeitos (apesar das diferenças), para que sejam capazes de participar, numa arena política. A partir disso, entendemos que ações de comunicação para mobilização social também apresentam – ou devem apresentar – uma dimensão argumentativa que, operando numa lógica diferente das lógicas do espetáculo e da festa, possa convocar os sujeitos a se posicionar enquanto interlocutores, na tentativa de estimular um debate público acerca das temáticas propostas.

A dimensão argumentativa

É interessante perceber como somente dimensões festivas ou espetaculares não dão conta, de sustentar sozinhas, uma ação de mobilização social, com vistas a estimular processos deliberativos mais amplos. Como vimos, a mobilização social pressupõe a reunião de sujeitos movidos por um acordo em relação a uma causa de interesse coletivo para a transformação de uma dada realidade. "Espetáculos" não são capazes, por eles mesmos, de sustentar as mais variadas causas. E, por mais que a festa possua seus objetos de celebração, seu fim esgota-se nela mesma, ou seja, a importância da festa é o fato de permitir a vivência conjunta entre os sujeitos. E somente isso não é garantia de que, em última análise, os projetos de mobilização consigam um engajamento coletivo capaz de transformar a realidade, tendo como base as possibilidades democráticas contemporâneas.

É conveniente lembramos que, como os projetos desejam provocar processos de debate público e de mobilização social, é imprescindível que eles forneçam argumentos que sustentem suas propostas e que não somente entendam o público como *audiência* ou como *participante das festas*, mas também como um *conjunto de interlocutores* capazes de dividir com ele as responsabilidades pelas mudanças propostas. Dito de outra maneira, tal processo deve possuir, eminentemente, um caráter *argumentativo*.

Breton (1999) indica que a argumentação, juntamente com a manipulação, a propaganda, a sedução e a demonstração, representa um meio de convencimento. Contudo, argumentar, em linhas gerais, é acionar um raciocínio em uma situação de comunicação. Não é convencer a qualquer preço, mas é raciocinar, propor aos outros uma opinião com boas razões para aderirem a ela. Nesse sentido, o objetivo da argumentação é transmitir ou partilhar não uma informação, mas uma opinião, um ponto de vista que sempre supõe um outro ponto de vista possível.

No processo argumentativo, segundo o autor, podemos identificar os seguintes elementos: a *"opinião"* – um ponto de vista possível sobre uma realidade qualquer; o *"orador"* – aquele que dispõe da opinião e a submete a determinado *"auditório"*; o *"argumento"* – trata-se da opinião formulada para convencer, colocada em um raciocínio argumentativo[12]; o *"auditório"* – pessoa, público, ou conjunto de públicos para os quais o orador direciona a opinião proposta na forma de argumento; e o *"contexto de recepção"* – opiniões, valores e julgamentos partilhados pelo auditório, que existem previamente ao ato da argumentação.

O *contexto de recepção* desempenha um papel fundamental na forma como o argumento é recebido, ou seja, na sua recusa ou aceitação, e, de tal sorte, "argumentar é também escolher, em uma opinião, os aspectos que a tornarão aceitável para um dado público" (BRETON, 1999, p. 32). Justamente por isso, nem tudo é argumentável e, a partir desse enfoque, faz-se necessário entender que deve haver certa coerência entre o argumento exposto e a opinião existente. Assim, não se pode utilizar qualquer argumento para convencer: prevalece ainda o raciocínio argumentativo. O essencial é dar ao auditório boas razões para acreditar no que lhe dizemos[13].

Nesse sentido, de acordo com o autor, é possível também definir a argumentação como um ato visando modificar o contexto de recepção, as opiniões do auditório, sempre a partir da razão. Isso porque

> ...o auditório, após o ato argumentativo, não dispõe simplesmente de uma opinião "a mais" sobre o que ele pensava (se fosse este o caso, estaríamos num

---

[12] "O argumento pode ser apresentado por escrito (em um bilhete, em uma carta, um livro, uma mensagem informática), pela palavra direta ou indireta (por exemplo, o rádio ou a televisão), pela imagem" (BRETON, 1999, p. 29).

[13] Sobre isso, é interessante apontarmos que BRETON (1999) não se coloca contra a utilização de alguns meios de convencimento, como a sedução, por exemplo, desde que não sejam as principais estratégias utilizadas no processo de convencimento: "as estratégias de sedução, por exemplo, tão freqüentes na comunicação política, são argumentação se ficarem periféricas, como apoio ilustrativo de um argumento, mas sairão do quadro argumentativo se o apelo aos sentimentos tomar o lugar de argumento e constituir o único meio de transporte da opinião. A sedução em si mesma não é condenável e seu uso no âmbito dos sentimentos é geralmente portador de uma dinâmica propícia para o estabelecimento das relações" (BRETON, 1999, p. 50).

procedimento estritamente informativo), mas precisa mudar seu ponto de vista ou até sua visão de mundo, ao menos partes desta visão que estão ligadas ao argumento apresentado. (BRETON, 1999, p. 34)

O autor nos diz que é possível vislumbrar dois níveis diferentes de definição da argumentação: o nível do conteúdo, ou seja, das opiniões em si mesmas; e o nível da forma, ou, como ele coloca, do "molde argumentativo", que, como o próprio nome já diz, é a forma como a opinião defendida pode ser "encaixada" e se transforma em argumento para o auditório e o contexto de recepção.

Breton (1999, p. 63) não ignora que o processo argumentativo é extremamente complexo e que, apesar dos esforços de taxionomia nesse campo, pode-se constatar que é raríssima a existência de formas "puras" de argumentos, mas que "toda riqueza de interpretação vem justamente do fato de haver várias interpretações possíveis". Por outro lado, é possível identificar certos argumentos próximos uns dos outros; sendo assim, "existem grandes famílias de argumentos que se distinguem pela natureza do raciocínio que eles utilizam" (BRETON, 1999, p. 63)[14].

Mesmo buscando os elementos conceituais de Breton (1999) para definir o processo argumentativo, e nos permitindo analisar estratégias de comunicação para mobilização social, inspirados por algumas considerações do autor, julgamos importante fazer três observações com relação à utilização de seu aporte conceitual na caracterização da dimensão argumentativa.

---

[14] Em linhas gerais, o Esquema das Famílias de Argumentos proposto por BRETON (1999, p. 143) qualifica as duas categorias argumentativas propostas. Assim, temos (1) Argumentos de Enquadramento: argumento por valores e pontos de vista, argumentos de autoridade (que podem se fundamentar em competência, experiência ou testemunho) e argumentos de reenquadramento (que podem se fundamentar em atos de definição, apresentação ou dissociação/associação); e (2) Argumentos de Ligação ou de Vínculos: argumento dedutivo (que pode ser quase lógico, por reciprocidade ou causal) ou analógico (que pode se constituir por comparação, exemplo ou metáfora).

A primeira observação relaciona-se ao fato de que Breton (1999) não desenvolve reflexões específicas para analisar situações argumentativas na esfera pública, o que para a nossa proposta de análise e de entendimento da dimensão argumentativa seria fundamental. Vislumbramos perceber como um ator da sociedade – no caso projetos de mobilização – promove uma tematização de uma situação-problema e busca interferir num espaço público no qual estão presentes inúmeras opiniões acerca de sua proposta.

A segunda observação, decorrente da primeira, é que, nesse caso, é imprescindível deixarmos claro que, numa situação de argumentação pública, entendemos esse processo de forma relacional[15]. Ou seja, não podemos dizer que haja um auditório específico ou que somente o projeto de mobilização que tematiza seja orador, por isso a nomenclatura, aqui, talvez não seja a mais adequada. Vislumbramos a presença de vários "sujeitos", que, como agentes racionais de ação, formulam proferimentos justificáveis publicamente por razões em situações de debate público.

Quanto a isso, Bohmam (2000), em suas considerações sobre deliberação pública, oferece relevantes contribuições relativas ao processo de argumentação pública desempenhado por sujeitos, nas democracias contemporâneas. Ele evidencia a importância fundamental do uso público da razão, e da importância do debate público para que os sujeitos possam, de forma coletiva, chegar a acordos sobre situações que afetam a todos. É interessante notar como Bohmam (2000) evidencia que o processo de deliberação pública é, antes de tudo, um processo dialógico e não somente discursivo. Isso porque o discurso emprega específicos padrões reguladores de justificação, que são estruturados em torno de um tipo de específico de reivindicação de uma pessoa ou de um grupo. Já o diálogo

---

[15] Obviamente, para BRETON (1999, p. 26), "argumentar supõe, na realidade, que aquele que se envolve na argumentação reconheça que ele se implica em uma relação de comunicação".

representa um processo de "dar" e "receber" razões em público. Ele necessariamente aponta não para a produção de justificativas bem formuladas por um grupo, mas para o processo em que essas justificativas são colocadas em circulação e por meio do diálogo são publicamente aceitas, rejeitadas ou negociadas. Assim, momentos de debate e diálogo públicos são compostos por uma pluralidade de agentes que, juntos, tentam convencer uns aos outros e coordenar suas ações. Nesse sentido, na esfera pública, o processo de diálogo público não requer um conhecimento específico de especialistas e é aberto para todos os cidadãos que desejam tomar parte nos objetivos da deliberação. Nesse sentido, por mais que especialistas – como no caso do Projeto Manuelzão, que veremos no capítulo 4 – tenham ciência dos problemas ambientais, é fundamental que todos, como agentes políticos de transformação, possam ter conhecimento das questões e participar publicamente de um processo deliberativo relativo à causa proposta.

De tal sorte, a terceira observação feita sobre os estudos de Breton (1999) relaciona-se ao objetivo final da argumentação proposta por movimentos e projetos: não se trata apenas de uma *modificação no contexto de recepção*. Isso porque, através de um processo argumentativo, explícito em momentos de debate, é desejável que se chegue a um acordo com relação aos pontos debatidos e, se possível, que algumas resoluções sejam tomadas, de modo consensual, aceitável pelos interlocutores. Mudanças político-normativas eficazes, bem como as realizadas num nível informal de interações cotidianas dependem desse acordo. Nesse sentido, a utilização única dos conceitos de Breton (1999) para caracterizar a dimensão argumentativa mostra-se escassa. A nosso ver, tais conceitos são insuficientes para abstrair e caracterizar como um todo o processo de argumentação proposto por movimentos e projetos de mobilização.

Assim, seria preciso buscar um aporte teórico que pudesse complementar e ampliar as considerações aqui descritas. De tal sorte, é possível entender o processo argumentativo crítico-racional estabelecido por projetos de mobilização social a partir da noção de esfera pública proposta por Habermas (1984; 1997) – desenvolvida no primeiro capítulo deste livro – e das considerações sobre a argumentação pública formuladas por Bohmam (2000). A nosso ver, esse seria o principal aporte que estabelece, junto às considerações de Breton, uma compreensão mais ampliada da dimensão argumentativa presente em ações de comunicação para mobilização social[16].

Por meio dessas considerações, partimos para um entendimento mais específico sobre quais seriam os principais elementos argumentativos acionados por projetos e movimentos, em situações de debate público e de mobilização social. Cada projeto e cada movimento, dependendo da situação e do contexto em que se encontram, disponibilizam proferimentos e argumentos que lhes são próprios e que buscam convencer os sujeitos da importância de suas causas. Entretanto, é possível, de maneira sintética, considerar que tais proferimentos ou argumentos constituem-se basicamente de três elementos argumentativos distintos:

- a) elementos relacionados à *constatação e denúncia* – nesse caso, projetos de mobilização buscam formular moldes argumentativos relacionados à constatação e denúncia da situação que pretendem transformar;
- b) elementos relacionados à *possibilidade de modificação* do quadro denunciado – nesse caso, projetos de mobilização buscam moldes argumentativos relacionados à possibilidade de alteração da realidade (ou seja, buscam atentar aos sujeitos que "ainda há tempo" de fazer algo);
- c) elementos relacionados à *proposição de soluções* para que a realidade seja transformada – nesse caso, projetos de mobilização buscam moldes argumentativos relacionados à busca de soluções e propostas que almejem intervenções na realidade, com o intuito de modificar o quadro denunciado.

---

[16] Ver capítulo 1, seção "O processo de debate na esfera pública".

Tais elementos representam uma tentativa de entender o processo argumentativo de projetos de mobilização, seja em situações de debate público, seja em situações públicas de disponibilização de proferimentos e elementos argumentativos. No decorrer das tematizações, esses elementos, grande parte das vezes, aparecem misturados uns aos outros, e essa proposta de categorização constitui uma forma de didatizar e conhecer tal processo – e não como categorização absoluta.

Vale também observar que, a nosso ver, seria fundamental que os três elementos estivessem, de alguma maneira, presentes no processo argumentativo de um projeto de mobilização. A denúncia sozinha pode trazer a constatação; contudo, não abre margens por si mesma para a possibilidade de mudanças do quadro denunciado; elementos ligados à possibilidade de modificação são fundamentais; entretanto, se não se direcionarem a uma dimensão concreta, disponibilizando propostas coletivas de intervenção na realidade, com base na proposição de soluções, não seria possível permitir aos sujeitos uma maior clareza das propostas e dos objetivos definidos pelo projeto.

Ampliando um pouco mais o entendimento dos elementos ligados à proposição de soluções, acreditamos que tais elementos sejam fundamentais num processo de debate: é a partir deles que podem ser retiradas proposições e soluções endereçadas tanto ao âmbito legal (de mudança de uma lei, por exemplo), quanto a âmbitos culturais, de necessidade de transformação cotidiana. Indicam o *como fazer* para que a revitalização aconteça. Quanto a isso, em outro trabalho, procuramos indicar que é preciso que os projetos de mobilização social forneçam "informações qualificadas" a seus públicos porque

> ...são informações de caráter mais pedagógico e técnico, que indicam como cada ator social pode atuar com base em seu cotidiano e seu campo de conhecimento. [...] [*são informações*] que vão além do conhecimento básico a respeito do [*projeto de mobilização social*]; indicam o "como fazer"; quando apropriadas e

reelaboradas pelos sujeitos, de acordo com suas realidades, estas informações são capazes de provocar [...[mudança em seus cotidianos. [...] Não possui caráter manipulador, porque como as informações estão de acordo com os contextos da comunidade na qual se está trabalhando, estimulam os indivíduos a usá-las enquanto sujeitos que participam do mundo e são capazes de uma ação efetiva sobre ele. (BRAGA; HENRIQUES; MAFRA, 2004, p. 57)

Vale ressaltar que esse *como fazer* não pode ser confundido com uma espécie de receita ou manual a ser seguido. Justamente por isso, não é suficiente que essas informações sejam somente disponibilizadas, mas que possam estimular uma negociação de entendimentos num processo de debate, a partir das realidades e dos quadros significativos dos sujeitos. Dessa maneira, mais do que tomar conhecimento do que fazer, os sujeitos também devem se sentir aptos a, autonomamente, propor mudanças e aplicar/utilizar essas informações em situações concretas, de acordo com seus contextos e vontades. Nesse sentido, a existência de propostas é fundamental para que o projeto possa ganhar adesão dos cidadãos, e suas soluções sejam debatidas, comunicadas e implementadas.

De tal sorte, a partir do entendimento desses elementos argumentativos, é possível compreender que uma dimensão argumentativa de ações de mobilização social possui as seguintes características: diferentemente de capturar a atenção dos sujeitos ou envolvê-los afetivamente, a dimensão argumentativa **busca mobilizar uma certa racionalidade** acerca da temática proposta, entendendo o público como **interlocutor** de um debate e dessa maneira, é convocado a se posicionar a respeito da tematização proposta. O **diálogo** – no sentido deliberativo do termo – representa, assim, a modalidade de participação comunicativa estabelecida com os sujeitos, possibilitada particularmente pelos elementos argumentativos disponibilizados publicamente.

festiva e argumentativa), ganharam materialidade em seus produtos e estratégias;
b) Compreender como as mesmas dimensões ganharam materialidade nos espaços de visibilidade pública alcançados pela Expedição Manuelzão Desce o Rio das Velhas, com destaque para o espaço de visibilidade midiático massivo, constituído pelo jornalismo televisivo diário.

CAPÍTULO IV

Uma concepção mais ou menos racional: as dimensões da expedição Manuelzão desce o Rio das Velhas

> *Aos mais, pessoas chegavam, [...] via-se, quando se via, era mais gente, aquela chegança, que modo que sombras. [...] Apartavam-se em grupos. Mas se reconheciam, se aceitando sem estranhice, feito diversos gados, quando encurralados de repente juntos. [...] A festa? Sua era, dele, Manuelzão. Mas, de agora, por tudo, ele não queria mais mandar no governamento dela, sua razão. A lá era ele mordomo de festa?! Nenhum algum. Ora, mais, queria era apreciar aquilo, agora solto livre assim no meio, um, que nem não fosse o dono...*
> (GUIMARÃES ROSA,1984, p. 161;198)

O Projeto Manuelzão

O Projeto Manuelzão[17] é um projeto de mobilização social que foi elaborado na Faculdade de Medicina da Universidade

---

[17] O nome do projeto surgiu a partir de uma referência ao sertanejo Manuel Nardy, um homem simples, vaqueiro e contador de causos,

Federal de Minas Gerais, em 1997, e tem por principal causa a *Revitalização da Bacia Hidrográfica do Rio das Velhas*[18]. A iniciativa de constituição do Projeto Manuelzão foi de um grupo de professores do Departamento de Medicina Preventiva e Social, por meio de experiências acumuladas ao longo de vários anos, com a disciplina "Internato Rural"[19]. Além do atendimento direto, o programa da disciplina prevê o envolvimento dos estudantes na promoção de ações para a melhoria da saúde pública da cidade, fomentando trabalhos de prevenção e de mobilização junto aos moradores.

Foi justamente a partir desses trabalhos que os professores perceberam que somente o atendimento médico não acabaria com os problemas de saúde daquela população, uma vez

---

que morou grande parte de sua vida na região do Velhas. Manuel Nardy foi imortalizado pelo escritor brasileiro Guimarães Rosa, por meio do personagem Manuelzão, na obra *Manuelzão e Miguilim*, além de ter inspirado o conhecido livro *Grande Sertão: Veredas*.

[18] Com uma localização privilegiada no Estado de Minas Gerais, a Bacia do Rio das Velhas representa uma área que abrange 51 municípios – inclusive a capital mineira, Belo Horizonte – numa extensão de mais de 30 mil quilômetros quadrados, onde habitam quase 4 milhões de pessoas. Além disso, a Bacia faz parte da Grande Bacia do Rio São Francisco, e o Rio das Velhas é um de seus afluentes mais expressivos. Na Bacia do São Francisco, o único rio que recebe esgotos de uma grande região metropolitana é o Rio das Velhas – no caso, a Região Metropolitana de Belo Horizonte – e sua poluição acaba sendo extremamente significativa para a Bacia como um todo.

[19] O Internato Rural é uma disciplina de caráter obrigatório para os alunos do 11.º período do curso de Medicina, chamada hoje de "Internato em Saúde Coletiva". A dinâmica da disciplina funciona da seguinte maneira: no período de três meses, alunos do curso de Medicina residem em municípios do interior de Minas Gerais conveniados com a UFMG e têm a oportunidade de vivenciar uma rotina profissional. Dessa maneira, eles trabalham nos postos de saúde das cidades, atendendo diretamente a demandas da população e são supervisionados regularmente pelos professores designados. Como grande parte dessas cidades é precária em atendimento médico, é possível notar que, muitas vezes, os estudantes são as únicas referências médicas no local, fato que pode lhes fornecer grande experiência pessoal e profissional. Informações obtidas no site do "Internato Rural": <http://www.medicina.ufmg.br/dmps/internato>. Acesso em: 8 mar. 2005.

que, apesar de os moradores serem medicados, as mesmas doenças apareciam de forma regular. Inspirados por várias reflexões sobre a relação entre o meio ambiente e a qualidade de vida das pessoas, entendendo "meio ambiente" e "qualidade de vida" não apenas como uma questão de preservação técnica mas também cultural e política, os professores fizeram a ambiciosa proposta de revitalização de toda a área da bacia do Rio das Velhas, por meio do Projeto Manuelzão[20].

Para colocar em prática suas propostas, o Projeto Manuelzão, apesar de ter nascido vinculado ao Internato Rural, ganhou uma estrutura autônoma e apresentou sua causa à sociedade, em toda a área da Bacia, caracterizando a revitalização do Rio das Velhas como uma questão de responsabilidade e interesse públicos. A idéia era que o Manuelzão não fosse somente um projeto da Universidade Federal de Minas Gerais, mas de todas as pessoas, os grupos, as entidades que tivessem interesse na causa da revitalização da Bacia.

Nesse sentido, a proposta de atuação do projeto configura-se a partir de um formato descentralizado de gestão participativa. Suas bases operacionais de ação são constituídas por *Núcleos Manuelzão*, chamados antes de *Comitês Manuelzão*, instalados ao longo da bacia hidrográfica, ligados a uma Coordenação Central, em Belo Horizonte, com sede na Faculdade de Medicina. A criação do núcleo não parte somente da iniciativa da Coordenação Central; é possível que um grupo de pessoas se reúna e decida constituir um Núcleo Manuelzão. Também o formato do Núcleo não é rígido: pode participar tanto o cidadão isolado, quanto o cidadão representando grupos sociais institucionalizados. Com o apoio da Coordenação Central,

---

[20] No livro 3, *Visões de futuro: responsabilidade compartilhada e mobilização social* da Coleção "Comunicação e mobilização social", da Autêntica Editora, descrevemos com mais detalhes a proposta do Manuelzão, bem como suas peculiaridades e formas como o projeto organiza seu processo mobilizador. Para mais informações, o site do projeto também é bastante rico. O endereço eletrônico é <www.manuelzao.ufmg.br>

os Núcleos autonomamente tentam solucionar e diagnosticar os problemas locais, e promover, por meio da mobilização social, a participação das pessoas para o fomento às ações locais e à deliberação de propostas para seu âmbito de atuação[21].

Assim, por mais que a proposta de implementação do Manuelzão confira autonomia aos núcleos e liberdade para ações locais, a idéia é que esses núcleos se sintam ligados a um projeto mais amplo. De forma simbólica, há um esforço em conferir uma identidade única ao núcleo, ou seja, por mais que os núcleos ganhem formatos e adaptações distintas, eles estão ligados a um projeto que, a partir de uma grande causa, é capaz de uni-los coletivamente. De forma prática, o esforço é a criação de determinados mecanismos de gestão pela Coordenação Central, de forma a gerar um nível de coesão suficiente entre as ações do projeto como um todo, dando suporte aos Núcleos e promovendo a visibilidade da causa para diversos públicos.

Desse modo, é possível considerar que, ao problematizar a temática da Revitalização da Bacia do Rio das Velhas na cena pública, o Projeto Manuelzão, busca: (1) estimular um processo de debate público acerca de sua causa; (2) estabelecer um processo de mobilização social *com* e *entre* sujeitos. Como vimos no capítulo 1, esses processos são eminentemente comunicativos. Sendo, assim, desde que surgiu, em 1997, o projeto já realizou inúmeras ações de mobilização social, com inúmeros públicos, ao longo da Bacia. Protestos locais, concursos em escolas, festas e shows, debates e palestras, entre outros formatos de ação coletiva, compõem a história de atuação do projeto. Mas nenhuma ação se comparou à *Expedição Manuelzão*

---

[21] Atualmente, no projeto, existem mais de 40 núcleos distribuídos pelas três regiões do Rio das Velhas: o Alto Rio das Velhas, região da nascente, onde estão, por exemplo, as cidades de Ouro Preto, Itabirito e Nova Lima, bem como o trecho mais poluído, próximo a Belo Horizonte, Contagem e Sabará; o Médio Rio das Velhas, onde se localizam as cidades de Lagoa Santa, Santana do Pirapama e Funilândia, entre outras; e o Baixo Rio das Velhas, região da foz, onde estão, por exemplo, as cidades de Augusto de Lima, Lassance e a localidade de Barra do Guaicuí.

desce o Rio das Velhas, um grande evento de mobilização social, acontecido em 2003, que convocou esforços de todos os núcleos para sua realização.

A Expedição Manuelzão Desce o Rio das Velhas: acionando a mídia e a comunicação estratégica para a mobilização social

Em linhas gerais, a Expedição *Manuelzão Desce o Rio das Velhas* foi uma proposta de percorrer de caiaque o trecho navegável do Rio das Velhas, da nascente até a foz, numa área de aproximadamente 770 quilômetros, durante pouco mais de um mês, no período de 12 de setembro a 14 de outubro de 2003. Junto com o percurso foram feitas paradas programadas em algumas cidades próximas à calha do rio, e eventos foram organizados no sentido de tentar difundir a causa da revitalização. Dessa forma, o objetivo foi realizar uma grande mobilização em toda a Bacia, numa ação conjunta que pudesse envolver todos os Núcleos do projeto e a Coordenação Central.

A expedição foi inspirada na trajetória que o pesquisador, escritor e explorador inglês Richard Burton fez em 1867, registrada no livro *Viagem de canoa de Sabará ao Oceano Atlântico*. Burton relata a aventura de percorrer o Rio das Velhas e descreve, em detalhes, como se configurava a região da Bacia em sua época. Inspirados pelo propósito de, no mínimo, comparar a situação atual do Velhas com o quadro descrito por Burton, integrantes do Manuelzão decidiram realizar uma expedição nos moldes da já realizada no século XIX. Todavia, o mais curioso é que ela se restringiria não apenas ao ato de descer o Rio das Velhas, mas também a aproveitar o momento para criar uma grande ação de mobilização ao longo da Bacia, chamando a atenção e convocando os sujeitos a se envolver na causa defendida pelo projeto. Foi assim que nasceu, a *Expedição Manuelzão Desce o Rio das Velhas*.

O grupo partiu da Cachoeira das Andorinhas, onde nasce o Rio das Velhas, na Serra do Veloso, localizada no perímetro urbano de Ouro Preto, até alcançar a Vila de Barra do Guaicuí, no município de Várzea da Palma, a 37 quilômetros de Pirapora, onde o Velhas deságua no Rio São Francisco. A Expedição Manuelzão não seguiria o Rio São Francisco até o Oceano Atlântico como fez Burton; mas partiria um pouco antes do pesquisador, na própria nascente do Velhas. Três caiaqueiros, integrantes do próprio projeto, fizeram o trajeto pelo rio, e, uma equipe de apoio acompanhou o caminho por terra, para suporte aos canoeiros e aos comitês, bem como para registrar toda a experiência.

A Expedição ganhou ampla cobertura na mídia, tanto impressa quanto televisiva. Durante o período em que aconteceu, regularmente – e quase que em dias alternados – algumas das principais redes de televisão de Minas Gerais – Globo, Bandeirantes, Rede Minas, Rede TV! – incluíram, entre suas matérias, amplas reportagens sobre o evento e sobre o Manuelzão. Além disso, rádios do Estado e jornais (Hoje em Dia, Diário da Tarde) e jornais e rádios das cidades da Bacia também publicaram e veicularam várias matérias e notas sobre o evento.

Assim, podemos dizer que a Expedição se configura como uma ação de mobilização social que tentou, em última análise, tematizar a revitalização da bacia do Rio das Velhas, como uma questão de interesse público e coletivo. A partir de peculiaridades e dimensões específicas, a Expedição buscou acionar diversos recursos, tanto para se colocar em alguns espaços de visibilidade pública – como a mídia, lugares públicos nas cidades da Bacia (praças, escolas, teatros), o próprio rio – quanto para estimular um debate público a cerca da questão do Velhas. Acreditamos que, para isso acontecer, seria fundamental que o Manuelzão, por meio da Expedição, fornecesse argumentos, formulados racionalmente, poder sustentar publicamente suas propostas e justificar suas próprias razões de existência, dando aos sujeitos condições de aceitar ou não suas proposições. Por outro lado, para se colocar na vida pública e estabelecer uma "conversação" com a sociedade, não seria necessário que esse processo fosse eminentemente racional, mas que comportasse um certo grau de racionalidade, como nos aponta Habermas (1997). O processo argumentativo é fundamental, mas as estratégias comunicativas podem ter outras dimensões que mobilizam os sujeitos, sem comprometer o processo argumentativo e de debate.

O detalhamento da Expedição: nuances de sua concepção e planejamento

Para que fosse possível sua execução, a Expedição contou com um razoável período de preparação, e foi organizada após de vários encontros e reuniões de planejamento[22]. O objetivo era que não somente a Coordenação Central planejasse o evento, mas que cada Núcleo, ao receber os expedicionários em sua cidade, tivesse autonomia suficiente para planejar ações, acionando os sujeitos para se envolver com a Expedição. Dessa maneira, um de seus objetivos foi realizar uma ação conjunta com os Núcleos espalhados pela Bacia.

Foi elaborado um cronograma diário das atividades da Expedição, no qual eram previstos os momentos de chegada e saída dos expedicionários de cada lugar, desde a partida na nascente até a chegada na foz. Esse cronograma foi exposto publicamente, em materiais de divulgação do evento e confeccionado com antecedência, junto com os comitês. A partir disso, ações foram planejadas em cada lugar de chegada dos expedicionários, de forma que, com o suporte da Coordenação Central, os Núcleos pudessem, em seus espaços, reunir esforços e realizar ações e eventos.

Assim, paralelamente à descida, foram planejados eventos, como caminhadas, palestras sobre questões ambientais, técnicas e políticas, bate-papos com os caiaqueiros, debates em escolas e apresentações artísticas. Também foram acionados e

---

[22] O documento do Projeto Geral do Evento, intitulado *Expedição Manuelzão Desce o Velhas*, data de 06 de março de 2003, cerca de seis meses antes de seu início. Na subseção seguinte, apresentaremos, com mais vagar, esse documento.

convidados a integrar o evento diversos grupos sociais, culturais e religiosos. Dessa forma, congados, cavalgadas, danças, músicas e comidas típicas pretenderam buscar tradições locais, integrando ao mesmo tempo os moradores com o propósito geral do Manuelzão. Bandas de música, grupos de teatro, apresentações de alunos de escolas de primeiro e segundo grau também são exemplos de participação local.

A fim de organizar as iniciativas, a Expedição e suas ações foram formalizadas em, basicamente dois documentos que se entrecruzavam: um "Projeto Geral" do evento, elaborado por coordenadores, professores participantes e outros integrantes do Manuelzão, e um planejamento estratégico de comunicação, denominado "Campanha de Comunicação para a Expedição Manuelzão Desce o Rio das Velhas", elaborado especificamente pela equipe de comunicação do projeto.

O Projeto Geral da Expedição

O Projeto Geral da Expedição, denominado "Expedição Manuelzão desce o Velhas", foi o primeiro documento que formalizou a concepção do evento[23]. Como apontado no projeto, a Expedição cumpriria com alguns objetivos, como: (a) fazer comparações entre a situação atual do Rio das Velhas e a situação do rio relatada por Burton; (b) levantar reivindicações da população ribeirinha, estimulando sua participação nos comitês locais; (c) realizar a documentação fotográfica, videográfica e escrita de todo o trajeto[24]; (d) extrair elementos do

---

[23] Foi assinado pelos professores Apolo Heringer Lisboa, Carlos Bernardo Mascarenhas, Eugênio de Andrade Goulart e Paulo Pompeu, bem como pelos três caiaqueiros Paulo Roberto Azevedo Varejão, Rafael Guimarães Bernardes e Ronald Carvalho Guerra.

[24] O Projeto Manuelzão lançou, no dia 14 de abril de 2005, o documentário "Expedição Manuelzão Desce o Rio das Velhas" O documentário apresenta, em 55 minutos, um resumo dos 29 dias de expedição, os locais por onde passaram os caiaqueiros, as festas e as recepções locais ao evento, bem como imagens da degradação ambiental do Rio das Velhas. (Fonte: Projeto Manuelzão <www.manuelzão.ufmg.br>. Acesso em 02 de maio de 2005).

folclore e da vida cultural local; (e) estabelecer parceria e promover eventos para a abordagem de temáticas locais vinculadas à relação entre saúde, educação, ambiente e cidadania.

É interessante notar que, no projeto, a organização da expedição dividia-se em duas fases distintas: uma "preliminar" e outra da "expedição propriamente dita". A fase preliminar constou de: (a) reuniões semanais de organização da Expedição, nas quais aconteceriam as discussões acerca da própria logística do evento, das parcerias estabelecidas e da divulgação na mídia; (b) reuniões semanais de estudos, nas quais seriam promovidas leituras da bibliografia literária, histórica e científica produzida sobre o Rio das Velhas, de forma a subsidiar o lançamento de um livro sobre a Expedição[25]; (c) expedições exploradoras iniciais, para tomar conhecimento da região antes da descida dos canoeiros e obter reconhecimento do local e dos trechos de mais difícil acesso do Velhas. A fase da expedição propriamente dita representa a descida em si do Rio das Velhas. Grande parte do trajeto seria baseada no percurso cumprido por Richard Francis Burton, no ano de 1867. No projeto consta que a escolha não foi aleatória:

> faz parte do objetivo do Projeto o estudo de expedições exploradoras anteriores, e Burton nos legou o mais circunstanciado de todos os relatos, prestando-se as

---

[25] No mesmo dia do lançamento do documentário, o projeto também lançou o livro *Navegando o Rio das Velhas das Minas aos Gerais*, que relata toda a experiência da Expedição, em dois volumes. Ao todo, 66 (sessenta e seis) pessoas participaram de sua elaboração, e a obra chegou a atingir quase 1.0000 páginas com fotos, mapas e ilustrações, bem como textos sobre a viagem no Velhas e as características da Bacia. O primeiro volume é composto por observações dos expedicionários, comparadas a relatos feitos por Richard Burton. No segundo volume, especialistas de inúmeras áreas escreveram, em 32 capítulos, temas que abordam desde a pré-história da região e sua biodiversidade, até os peixes aí encontrados sob a ótica dos viajantes do passado e do conhecimento atual. A idéia, inclusive, é que esse livro possa se tornar uma espécie de "enciclopédia" do Rio das Velhas. (Fonte: Projeto Manuelzão <www.manuelzão.ufmg.br>. Acesso em 02 de maio de 2005).

suas linhas a uma acabada comparação entre as condições do Rio das Velhas nos meados do século XIX e nos dias de hoje. Evidentemente que o trecho fluvial entre as Andorinhas e Sabará, que o oficial inglês não percorreu, não consta do cronograma abaixo. [...] Posto isso, informamos que a Expedição "Manuelzão desce o Velhas 2003" [...] estará dividida em vinte trechos diários, de acordo com o relato de Burton (Anexo). (PROJETO GERAL DA EXPEDIÇÃO, 2003)

É relevante notar que, independentemente de um planejamento específico, no próprio projeto geral a comunicação já foi, de fato, uma preocupação. Na justificativa, os coordenadores apontam que a divulgação midiática da expedição seria fundamental para promover visibilidade para o Manuelzão. No entanto, a Expedição cumpriria outras funções, como denunciar a situação atual do Rio das Velhas e mobilizar os sujeitos, "ministrando palestras pelo caminho e traçando informações de um local a outro" (PROJETO GERAL DA EXPEDIÇÃO, 2003).

O planejamento estratégico de comunicação da expedição

O planejamento estratégico de comunicação, denominado "Campanha de Comunicação para a Expedição Manuelzão Desce o Rio das Velhas", delegou às ações da equipe de comunicação um papel crucial. Como consta no documento, essas ações seriam responsáveis por dar visibilidade ao evento e a todos os públicos nele envolvidos, além de registrar os fatos ocorridos no período de sua realização[26]. O documento da "Campanha" foi organizado sob os seguintes tópicos:

---

[26] Foi elaborado pela jornalista Marina Torres Pessoa, à frente da equipe no período do evento, pelo então estudante de Relações Públicas Frederico Vieza, ex-estagiário e, na época, colaborador do projeto, sob orientação do professor do Departamento de Comunicação Social da UFMG e Relações Públicas, Márcio Simeone Henriques. Após elaboração, o restante da equipe de Comunicação tomou conhecimento do plano, por meio do qual foram implementadas todas as ações.

diretrizes, objetivos gerais, públicos, ações de comunicação, estrutura, orçamento, avaliação e cronograma.

A seguir, transcrevemos as diretrizes, os objetivos gerais e os públicos listados no documento da Campanha de Comunicação (2003):
- **Diretrizes** – são diretrizes das ações de Comunicação para a Expedição: i) **As ações de Comunicação são locais, mas tributárias de uma realidade global**; todas as atividades desenvolvidas pela Campanha, antes, durante e depois da Expedição devem estabelecer, sistematicamente, um elo do factual local com o impacto regional e global que as ações da Expedição promovem. Assim, releases, matérias, entrevistas e outros produtos não poderão perder este enfoque, da visão do todo da Expedição e de suas intervenções. Quaisquer ações para revitalização do Velhas são consideradas, num âmbito maior, ações concretas para a revitalização do São Francisco; ii) **Os registros da Expedição são multidisciplinares e constituem parte da memória do projeto**; os produtos de Comunicação deverão ser sempre arquivados e avaliados ao longo da Campanha, para que se preze a unidade de informações coletadas e processadas e uma identidade textual delas. Tudo deve convergir para um registro histórico preciso, sem perder de vista a visão crítica diante dos fatos; iii) **A equipe de comunicação agrega as mais variadas habilidades**; a Comunicação deverá trabalhar com profissionais e estagiários das mais variadas habilitações (Relações Públicas, Jornalistas, Publicitários, Fotógrafos, Cinegrafistas...) para que haja a cobertura mais eficiente do evento e uma otimização das tarefas entre os componentes da equipe.
- **Objetivos gerais**: i) **Divulgar** – A divulgação dos fatos relacionados à Expedição, de sua programação, resultados e avaliação, dentre outros, estará alicerçada numa integração entre as ações locais e regionais, isto é, a diretriz.

Portanto, será necessário dar visibilidade ao evento através de produtos e veículos estratégicos, como anúncios publicitários nos meios digitais e impressos; ii) **Mobilizar** – A mobilização é ponto essencial para o sucesso da Expedição. Apenas através de um trabalho anterior ao período do percurso, junto às localidades e seus comitês é que se alcançará a legitimidade pública das ações e o seu reconhecimento pelos moradores que vivem mais proximamente da realidade do Velhas (comunidades e municípios ribeirinhos); iii) **Informar** – A informação deve se dirigir de maneira qualificada aos públicos a que ela se destina, tornando a ação comunicativa[27] mais eficaz e eficiente.

- **Públicos**[28]: São elencados como públicos específicos da Expedição: i) **Beneficiados**: população das comunidades, localidades e municípios ribeirinhos por onde passar a Expedição; ii) **Legitimadores**: População das comunidades, localidades e municípios da bacia do Rio das Velhas que, de alguma forma, realizarem algum julgamento a respeito da iniciativa da Expedição; iii) **Geradores**: todos aqueles que participarem, direta ou indiretamente, dos eventos que constituem a Expedição.

As ações estratégicas se direcionaram tanto aos meios de comunicação de Belo Horizonte, quanto aos públicos específicos, como o comitê, moradores das cidades e meios

---

[27] Lembramos aqui que, a nosso ver, o termo empregado "ação comunicativa" não se refere ao conceito de HABERMAS (1984;1997), mas remete ao significado de ações de comunicação, em seu sentido mais amplo.

[28] A classificação dos públicos da Expedição foi baseada num modelo de segmentação aplicável a projetos de mobilização social, definido em estudo anterior do qual participamos. São três as grandes categorias de públicos: beneficiados, legitimadores e geradores (HENRIQUES, BRAGA; MAFRA, 2004, p. 52). Tal classificação tem origem na "Escala de Níveis de Vinculação", também criada por nós no livro anterior como um instrumental metodológico desenvolvido para a realização de diagnósticos e planejamentos de comunicação para mobilização social.

de comunicação locais. Sendo assim, no planejamento, as ações de comunicação foram divididas, em: (1) Ações para veículos de massa (que tinham o objetivo de dar visibilidade regional à Expedição e fornecer informações de caráter noticioso); (2) Informações qualificadas (que tinham o objetivo de informar sobre a proposta da Expedição e seus eventos no Jornal Manuelzão, no *site* e em rádios locais); (3) Eventos (que tinham o objetivo de reunir os públicos em ocasiões que reforçam o imaginário do Projeto Manuelzão: sentimento de pertença à Bacia Hidrográfica e mobilização por sua revitalização); (4) Apoio (que tinham por objetivo promover uma identidade visual ao conjunto de ações da Expedição, para gerar uma identificação coesa dos públicos com as atividades realizadas). As ações de comunicação e a inter-relação com a visibilidade gerada pelo evento serão detalhadas e analisadas no capítulo 6.

Também foram elaborados produtos específicos de comunicação sobre a Expedição: marca específica, camisas, um Guia da Expedição[29], boletins informativos específicos para cada região[30], um *site* específico sobre o evento[31], *spots* para rádios[32] locais, além de eventos organizados em cada cidade aonde chegavam os canoeiros e a equipe de apoio do projeto, acionando a

---

[29] O Guia da Expedição era distribuído nas cidades durante o evento, junto com a chegada dos canoeiros.

[30] Ao todo, foram produzidos 14 boletins informativos, referentes às 14 sub-bacias do Rio das Velhas. A idéia inicial era que os boletins trouxessem dados mais específicos sobre cada região, no intuito de inspirar agentes midiáticos na confecção de matérias sobre o evento. Mas alguns boletins também foram distribuídos nos lugares do evento, além de estar disponíveis no site, durante todo o tempo de realização do evento.

[31] O site, além de conter informações gerais sobre o evento, trazia uma cobertura diária feita pela equipe de comunicação do Manuelzão. As matérias continham relatos objetivos, em formato jornalístico, na seção "Sala de Imprensa" e impressões pessoais da equipe envolvida, na seção "Diário de Bordo", entre outras.

[32] Foi feito um contato, antes da Expedição, com as rádios da maioria das cidades da Bacia do Rio das Velhas. Quando a Expedição chegava às cidades, os *spots* eram distribuídos nas rádios e veiculados durante e depois do evento.

população para não apenas assistir à Expedição mas também participar do evento por meio das mais diversas manifestações locais[33].

O entendimento das dimensões da expedição: as categorias de análise

De acordo com o modelo de análise apresentado no capítulo 3 e com base no material de planejamento e nos instrumentos e peças de comunicação produzidos pelo Projeto Manuelzão, buscamos, evidenciar os elementos das dimensões *espetacular, festiva* e *argumentativa* das estratégias de comunicação para mobilização social da *Expedição Manuelzão Desce o Rio das Velhas*, a saber:

a) Elementos da dimensão *espetacular*:
- A instalação do âmbito extraordinário
- A constituição da cena e dos expectadores: o caráter dramatúrgico

b) Elementos da dimensão *festiva*:
- A construção da cerimônia
- A construção do divertimento

c) Elementos da dimensão *argumentativa*:
- Elementos relacionados à constatação e à denúncia
- Elementos relacionados à possibilidade de modificação
- Elementos relacionados à proposição de soluções

Elementos da dimensão espetacular na Expedição

A instalação do âmbito extraordinário

Descer o Rio das Velhas, da nascente até a foz, não é hoje uma ação rotineira e natural atualmente. Entretanto,

---

[33] Também foram elaboradas duas edições especiais do Jornal Manuelzão: a primeira, antes da Expedição, e a segunda, depois. A segunda edição trouxe depoimentos de pessoas que participaram, além de relatos da própria equipe do projeto.

mais extraordinário ainda é descer o Rio das Velhas de caiaque, e transformar essa ação num grande evento de mobilização social.

A instalação de um determinado âmbito extraordinário está na própria origem da concepção da *Expedição Manuelzão Desce o Rio das Velhas*. O Projeto Manuelzão poderia ter planejado outros tipos de eventos – como já o fez – para despertar nos sujeitos a necessidade de revitalização da Bacia do Rio das Velhas. Mas optou por criar, por meio da Expedição, um evento que pudesse chamar a atenção dos sujeitos por um viés diferente, não-rotineiro, incomum. Como já apontado, nenhuma expedição possui um caráter rotineiro: é preciso preparação da equipe para excutar o percurso, bem como para revelar, ao final do trajeto, o "extraordinário" e o "novo" encontrados.

É possível notar, por meio da Expedição, uma tentativa de ruptura com a vida ordinária: os sujeitos são convidados a olhar para o Rio a partir de novos sentidos propostos pelo projeto, de maneira "espetacular". De tal sorte, a *Expedição Manuelzão Desce o Rio das Velhas*, ao buscar elementos que tentam mostrar o Velhas como um rio que merece ser visto e notado, busca criar um evento cuja visão enche os olhos. Assim, elementos "espetaculares" são utilizados, em última análise, para despertar na sociedade o interesse público pela revitalização da Bacia do Rio das Velhas, com a função de **capturar** a atenção dos sujeitos para essas questões.

A escolha mesma da expedição e a referência à Expedição de Richard Burton, acontecida no mesmo território, mas em outro tempo histórico, torna-se algo excepcional. Para os próprios caiaqueiros, a descida do Rio representou também uma situação notável. Antes da Expedição propriamente dita, realizaram-se algumas expedições exploratórias iniciais em alguns trechos do percurso, para que fossem previstos os lugares que indicariam dificuldades para a navegação. Tão grave seria a situação do Rio em alguns locais que, para navegar, os caiaqueiros tiveram que passar por um extenso processo de preparação. Na edição do *Guia da Expedição Manuelzão Desce o Rio das Velhas*, a reportagem intitulada *Como se preparam os expedicionários* relata todos os preparativos para descer o Rio, pelos quais os expedicionários tiveram que passar[34]:

> Para agüentar a viagem, eles se preparam fisicamente e também aprendem técnicas que irão garantir a segurança e a orientação durante o percurso. Os expedicionários remam juntos de três a quatro vezes por semana, em alguma região do Velhas, e estão se acostumando a ler mapas e a utilizar rádio comunicador e aparelho de GPS. Foram produzidos mais de 40 mapas [...] e acrescentados dados observados em treinamentos pelos caiaqueiros e também no sobrevôo de toda a extensão do Rio das Velhas feito no helicóptero da Polícia Militar. (GUIA DA EXPEDIÇÃO MANUELZÃO DESCE O RIO DAS VELHAS, 2003)

Junto com o preparo técnico, o preparo físico dos expedicionários foi acompanhado por médicos e nutricionistas, que receitaram vacinas contra febre amarela, tétano e hepatite (existia o risco de a água contaminada provocar infecções de pele e fortes diarréias) e prepararam uma alimentação especial para os navegadores. É válido notar que, no Guia da Expedição, para ilustrar a matéria acima, existe um desenho do caiaque utilizado pelos navegadores e de todos os equipamentos, roupas e dispositivos técnicos utilizados durante a viagem pelos expedicionários, com uma explicação detalhada do uso e do objetivo de cada um deles.

Observando esse processo, o ponto que mais nos chamou a atenção não foi somente a preparação mesma dos caiaqueiros, mas a *comunicação* dessa preparação para os sujeitos por meio do Guia. Quando o projeto cria uma matéria especial

---

[34] Além do preparo dos expedicionários, a equipe de apoio do projeto teve que conhecer o percurso por terra, identificando as estradas e os trechos que acompanham o percurso do rio.

para falar dos preparativos, acreditamos que a tentativa é mostrar o quão difícil é realizar a descida do Velhas nos tempos atuais. Por isso, a Expedição é grandiosa e merece ser notada. Com isso, constata-se que não é possível – nem saudável – que um habitante da Bacia do Rio das Velhas resolva fazer todo esse percurso sem uma extensa preparação, como indica o projeto. Isso faz da Expedição um evento extraordinário, espetacular. E é admirável o ato de descer o Rio, diante de suas circunstâncias atuais, fruto de seu uso social predatório.

Os relatos de Burton sobre a riqueza ambiental da região são apropriados como um sério testemunho de que a Bacia do Rio das Velhas já foi diferente, e, devido a uma utilização predatória, ela hoje está intensamente degradada. Segundo Burton (1867), o Rio das Velhas tinha um potencial enorme para navegação, o que hoje não seria possível em todo o seu trecho. Com isso, é também espetacular o fato de os expedicionários descerem o Rio das Velhas de caiaque. O assoreamento e a acumulação de inúmeros dejetos ao longo de anos acabaram com a possibilidade de navegação em várias partes de seu trecho. Assim, não se justificaria navegar por todo o percurso do Rio por meio de uma embarcação maior – como foi a descida de Burton – e a escolha do caiaque denuncia, de certa maneira, essa situação. Ou seja, o Rio das Velhas não é mais o mesmo, e é preciso que os sujeitos tenham interesse por sua situação.

Além do próprio caráter excepcional do evento, a instalação de um determinado âmbito extraordinário pode ser observada a partir de outros recursos e dispositivos que conferem à Expedição uma dimensão espetacular, como a presença de um certo caráter dramatúrgico. É esse elemento espetacular que observaremos na subseção seguinte.

A constituição da cena e dos espectadores:
o caráter dramatúrgico

Aqui é possível também entender a *Expedição Manuelzão Desce o Rio das Velhas* a partir de um sentido cênico, o que confere a ela uma dimensão espetacular. Três pessoas desceram concretamente o Rio das Velhas, com um determinado objetivo, acompanhadas por outras pessoas que, por terra, apoiaram e realizaram também o percurso. Em torno da ação de descer o Rio foi constituída toda uma esfera de **atuação**: três integrantes do projeto Manuelzão (os personagens protagonistas) teriam a difícil aventura de navegar sobre as águas poluídas do Rio das Velhas (o *topos* dramático). Os protagonistas, os três caiaqueiros, passaram por um período de formação para ser capazes de realizar a tarefa a eles atribuída, de chegar ao final do rio – a preparação dos "heróis". Para realizar o percurso, os três caiaqueiros contavam com o apoio do relato de Richard Burton, bem como com a presença do Projeto Manuelzão, e de toda uma equipe pronta para apoiá-los. Comte (1994, p. 9) comenta a formação do herói,

> Tudo começa com uma história, uma intriga simples, personagens bem caracterizados, lances imprevistos, às vezes surpreendentes, um final conveniente. [...] Nele, o homem aparece maior que o seu tamanho natural. Mas é o mesmo com quem convivemos todos os dias, com suas ambições desmedidas, sua busca infindável, sua indústria fenomenal, seus amores freqüentemente desordenados. [...] Essa leitura do mito do herói evidencia a emergência, no homem, de um apetite de ultrapassagem dos limites, quaisquer que sejam.

É interessante notar como o próprio projeto demonstrou uma preocupação em ultrapassar os limites de se descer o Rio das Velhas e construir uma determinada estrutura narrativa em torno da Expedição. Na capa do Guia da Expedição (2003), há três chamadas para matérias internas e uma grande foto com o carro do Projeto Manuelzão, um caiaque por cima, tendo ao fundo o Velhas. A manchete principal do guia é "Um rio em busca de atenção", e logo abaixo se escreve: "Velhas é palco de expedição que procura mobilizar a sociedade para o processo de revitalização da bacia hidrográfica do São Francisco". Acreditamos que a própria referência ao Rio das Velhas como palco é capaz de demonstrar o forte caráter dramatúrgico da Expedição.

Na contracapa do Guia do evento, existe uma reportagem especial sobre os caiaqueiros. Tendo como título "Unidos no desafio de descer e mobilizar o Velhas" e como subtítulo "Mesma idade e mesma inicial do nome, conheça Ronald, Rafael e Roberto", a página é divida em três colunas, apresentando as fotos dos navegadores. "Roninho", "Rafael" e "Beto" são descritos em detalhes: profissão de cada um, histórias de vida, filhos e esposas, motivações para participarem da Expedição, participação de cada um no Projeto Manuelzão. Ao mesmo tempo que há uma tentativa para "construir" os personagens e oferecer a eles um caráter excepcional, há um esforço em demonstrar que são pessoas comuns e próximas, com sonhos e expectativas, unidos, naquele momento, pela causa de revitalizar a Bacia do Rio das Velhas.

Despertou-nos interesse o modo como, durante a realização do evento, entre o início e o fim do percurso, toda uma estrutura narrativa foi criada e endereçada aos sujeitos a partir do *site* da Expedição. Na página de abertura do site, entre outras seções de destaque, há uma intitulada "Diário de Bordo". Essa seção contém relatos diários da Expedição, divididos pelas quatro semanas de duração do evento. Os relatos, escritos pela equipe de comunicação que acompanhava os expedicionários, descreviam, em detalhes, o dia dos caiaqueiros e da equipe que os acompanhava. Percebemos que, apesar de se basear no relato de Richard Burton, o texto foi escrito de forma bem livre e poética, com o intuito e descrever as impressões da viagem. O mais interessante é que os relatores procuravam registrar todos os momentos da experiência: dificuldades encontradas pelos canoeiros, imprevistos, o momento da recepção nas cidades, o cansaço e os ferimentos, as vitórias, a chegada em Barra do Guacuí, onde o objetivo inicial foi alcançado. Junto aos protagonistas, outros personagens entravam e saíam da trama; cenários eram trocados e descritos; apareciam os "coadjuvantes", ou seja, os que acompanharam todo o percurso junto aos navegadores, oferecendo suporte e permitindo que a Expedição pudesse ser realizada. Quase como capítulos de um folhetim diário, foi possível aos internautas-espectadores acompanhar a "narrativa" da Expedição, vivendo as emoções e os desafios para se chegar à foz do Rio das Velhas.

Assim, é preciso considerar esse caráter dramatúrgico da Expedição como parte de uma estratégia para mobilizar os sujeitos para a causa de revitalização da Bacia do Rio das Velhas e para operar com uma determinada lógica midiática. A partir dessas considerações, entendemos o quão é importante para o Manuelzão estar presente em esferas de visibilidade pública, de forma que sua causa possa ser endereçada para um número amplo de sujeitos. Nesse sentido, acreditamos também que uma das tentativas da expedição, a partir de uma dimensão espetacular, foi estabelecer um processo comunicativo mediado, de forma a atingir as principais esferas de visibilidade públicas contemporâneas. Assim, sua estrutura narrativa é espetacularizada: a utilização de imagens, a criação de meios e produtos de comunicação e a tentativa de chamar a atenção da mídia de massa também caracterizam uma dimensão espetacular da *Expedição Manuelzão Desce o Rio das Velhas*, como veremos no capítulo 6.

Por ora, interessa ressaltar que a presença de uma dimensão espetacular na *Expedição Manuelzão Desce o Rio das Velhas* – em moldes midiáticos ou não – representa uma tentativa de capturar a atenção dos sujeitos para a questão da revitalização do rio, a partir de esforços para a promoção da visibilidade pública do evento. Inclusive, acreditamos que sua estruturação, enquanto "evento seriado" que permite a construção de uma narrativa, foi concebida para garantir um maior tempo de permanência nas pautas jornalísticas. Nesse caso, a partir do espetáculo, o público da Bacia do Rio das Velhas é entendido como uma grande "**audiência**", para a qual direcionava-se a Expedição, e, nessa dimensão, a modalidade de participação comunicativa instaurada por uma dimensão espetacular foi a **contemplação**.

Nesse sentido, o grande desafio colocado pela Expedição, enquanto uma ação estratégica de comunicação para mobilização social, foi fazer com que os sujeitos deixassem o papel de espectadores e assumissem outros papéis: participantes de uma grande festa para celebrar a Bacia e interlocutores de um debate público acerca da revitalização. Isso nos leva a examinar a *Expedição Manuelzão Desce o Rio das Velhas* como constituída também pelas dimensões festiva e argumentativa.

Elementos da dimensão festiva na Expedição

A construção da cerimônia

A *Expedição Manuelzão Desce o Rio das Velhas* pode ser vista como uma grande cerimônia que, cercando-se da temática da revitalização, convidou os habitantes da Bacia para celebrar o rio. Todavia, mais do que celebrar, a Expedição teve uma peculiaridade que lhe permitiu ser apropriada pelos sujeitos: os habitantes da Bacia foram não somente convidados a participar da festa. Mais do que isso: foram convocados a organizar a festa.

Concebida a partir de várias reuniões de planejamento, a Expedição foi assim "entregue" para ser também organizada pelos comitês. O "3º Encontro dos Comitês", realizado em julho de 2003 (dois meses antes da Expedição), representou um importante momento para a apresentação e a organização da Expedição junto aos comitês. Representantes dos comitês do projeto foram incumbidos de planejar localmente eventos que pudessem receber os Expedicionários e convidar a população de cada cidade a participar. A organização da Expedição foi, inclusive, divulgada no Guia da Expedição, na matéria "Comitês se preparam para receber a Expedição".

> Para organizar a recepção aos três expedicionários, os comitês do Projeto Manuelzão estão se articulando e trabalhando ao longo da bacia. Desde o anúncio

da Expedição, no Encontro de Comitês, [...] diversas reuniões vêm sendo feitas para preparar a agenda dos eventos. Em todos os pontos de parada dos caiaqueiros, serão realizadas várias atividades voltadas para a cultura local. Em Nova Lima, por exemplo, será servida a queca, comida típica da região. Na Fazenda São Sebastião, cavaleiros do jóquei, trajados a caráter, acompanharão os expedicionários até o Convento de Macaúbas, em Santa Luzia. [...] A ampla parceria entre comitês, comunidade e poder público, além de viabilizar as atividades da Expedição, reforça a idéia de pertencimento a uma mesma bacia hidrográfica.

Assim, com a ação de "descer o Rio das Velhas", foi elaborado um cronograma, desde a partida na nascente, no dia 12 de setembro, até a chegada à foz, no dia 14 de outubro, no qual foram previstas as ações em cada lugar de chegada dos expedicionários, de forma que, com o suporte da Coordenação Central, cada comitê pudesse, em sua cidade, reunir esforços e realizar ações e eventos. Assim, cada lugar, ao receber os canoeiros e a Expedição, buscava selecionar o que de melhor "tinha para lhes oferecer". **Congados, cavalgadas, danças, músicas** e **comidas típicas** pretenderam **aproveitar as tradições locais** e, ao mesmo tempo, integrar os moradores com o propósito geral do Manuelzão.

Podemos, assim, destacar a Expedição enquanto cerimônia a partir de alguns eventos planejados inicialmente pelo cronograma. É interessante notar também que, durante a expedição, no diário de bordo dos expedicionários, as festas eram detalhadamente comentadas. Acreditamos que isso demonstra o quão fortes foram os momentos em que os indivíduos puderam estar juntos, partilhando de um sentido que foi capaz de os unir (nesse caso, a proposição da revitalização da Bacia do Rio das Velhas). Como exemplo de eventos cerimoniais, citamos: (1) Em 13/09/03: apresentações artísticas de escolas de Ouro Preto; (2) Em 14/09/03: apresentações culturais e artesanato na quadra de esportes na Vila Acuruí, na Usina de Rio de Pedras;

(3) Em 19/09/03: recepção dos expedicionários por escolas e caminhada até a Praça Fernão Dias, com apresentação da Banda Lírica Santa Cecília; (4) Em 21/09/03: espetáculo de grupo de animação e contadores de caso na Fazenda Casa Branca, etc. Dessa maneira, aqui é possível notar uma contraposição interessante com a dimensão espetacular. Os "protagonistas" da Expedição – os três caiaqueiros – ao chegar às cidades e participar dos eventos programados, se unem às tradições locais, e há uma inversão de papéis: de atores, eles passam a espectadores da cerimônia e das apresentações, e convidados da festa. Nesse sentido, é fundamental perceber que há uma determinada "inversão da ordem": a sociabilidade e a convivialidade permitem esse deslocamento, a partir de uma relação partilhada presencialmente.

A construção de momentos de divertimento

Além da construção de eventos com caráter cerimonial, é possível observar a Expedição como divertimento em sua dimensão festiva. Nos relatos do diário de bordo, é possível notar uma série de eventos que não foram planejados de início, principalmente eventos festivos com uma dimensão de divertimento, como forrós, serestas, cantorias e contação de histórias. Assim, acreditamos que isso aconteceu porque os sujeitos se identificaram com a Expedição e se apropriaram do momento festivo: espontaneamente, transformaram cerimônias ou simples encontros em verdadeiros momentos de diversão.

Como exemplo, citamos: (1) Em 13/09: recepção dos expedicionários com fanfarra, manifestações folclóricas e barracas típicas; (2) Em 16/09: chegada ao pontilhão, porto de Sabará, às 16:00; encontro de bandas, foguetório, teatro, exposição de artesanato na cidade; às 19:30, no Teatro Municipal, exposição de obras de arte e seresta; (3) Em 27/09: chegada, no fim da tarde, à Vila de São Joaquim, recepção, jantar, troca de experiências na praça, forró; (4) 11/10: chegada à Barra do Guacuí, às 15:00; encerramento e recepção com banda de música, coquetel, folia do Divino, etc.

De maneira mais ampla, as festas ocorridas durante a *Expedição Manuelzão Desce o Rio das Velhas* traziam a possibilidade de "ruptura" na vida cotidiana dos habitantes da Bacia do Rio das Velhas. A partir da instauração de momentos de sociabilidade, o Projeto Manuelzão – que estimulou a organização da festa – convidou os habitantes a vivenciar, de corpo presente, o espaço do rio e das cidades do entorno de uma outra maneira: não somente assistir à passagem dos canoeiros, mas, junto com eles, celebrar a necessidade de revitalizar a Bacia do Rio das Velhas, com cerimônias e festas compartilhadas.

Sendo assim, entendemos que, muito mais do que passar pelas cidades para apenas ser "saudada", a Expedição e os eventos estratégicos buscaram **acionar a população para não apenas assistir à Expedição**: o público não foi entendido somente como **audiência**. Uma das formas como vislumbramos a relação desse evento com a população – e no caso específico dessa dimensão – foi o entendimento do público como **participante** das festas realizadas, e pode-se inferir que a **modalidade de participação** comunicativa dos sujeitos era a convivialidade. A idéia era possibilitar também que as próprias pessoas celebrassem, *in loco* e não apenas assistissem à passagem dos canoeiros.

Nesse sentido, como estamos falando de um processo de mobilização social (e entendemos a mobilização como um processo político) instituído por um projeto de mobilização – o Projeto Manuelzão – entendemos como a presença de uma dimensão festiva é importante. Os sujeitos não se mobilizam apenas por recursos espetaculares, mas é fundamental que possam se encontrar em situações de co-presença, nas quais reafirmem e reforcem seus laços e seus vínculos. Por outro lado, é fundamental que o Manuelzão, ao "reforçar estes vínculos", possa criar condições de igualdade moral e política dos sujeitos (apesar das diferenças), para que sejam capazes de participar, numa arena política. A partir disso, entendemos que a Expedição também teve uma dimensão argumentativa: além de criar um espetáculo e uma festa, convocou os sujeitos a se posicionar enquanto interlocutores, na tentativa de estimular um debate público acerca da temática da revitalização.

Elementos da dimensão argumentativa na Expedição

Constatação e denúncia

Proferimentos de constatação e denúncia, presentes na Expedição, representam aqueles constituídos por um caráter revelador, que apresentava e tentava constatar publicamente o grau de poluição e de degradação ambiental da Bacia do Rio das Velhas. A denúncia tendia a ser formulada de modo a despertar nos sujeitos a responsabilidade coletiva para a revitalização da Bacia.

Notamos que, nos produtos de comunicação do projeto, tais proferimentos eram disponibilizados em inúmeros momentos argumentativos e são, a nosso ver, os que mais aparecem entre os outros eixos de análise, chegando, inclusive, a perpassar e influenciar os demais. Isso se deve ao próprio caráter da Expedição: como uma ação que busca revelar e descobrir a situação atual do Bacia do Velhas, o Manuelzão tinha por objetivo denunciar, a partir de uma vivência concreta e da visualização local, a situação de degradação em que se encontra o Rio. Essa seria a grande descoberta da Expedição, endereçada, dessa maneira, a todos os sujeitos, como uma situação de interesse coletivo.

No planejamento geral da Expedição, é possível identificar, em três de seus objetivos abaixo destacados, como o acionamento desses elementos representa um dos propósitos do evento:

1) Divulgar o monitoramento da qualidade das águas do Rio das Velhas e seus afluentes, coletando amostras para análise e caracterizar para a população, através de informações e imagens, o significado da degradação e os caminhos para sua possível recuperação;

2) Catalogar áreas de matas ciliares, de encostas e de topo devastadas, apontando suas causas prováveis e intervenções capazes de recuperá-las;
3) Identificar no curso do rio aqueles pontos ou áreas onde as agressões ao meio ambiente se fazem mais evidentes e suas prováveis causas (PLANEJAMENTO GERAL DA EXPEDIÇÃO, 2003).

De tal sorte, proferimentos de constatação e denúncia estão presentes em quase todos os instrumentos e meios de comunicação produzidos pelo projeto da Expedição. Nos encontros e palestras organizados nas cidades que receberam os canoeiros, a denúncia tendia a ser um tema constante. Na seção "Diário de Bordo", do *site* do evento, elementos de denúncia também são observados, principalmente a partir da descrição de detalhes cotidianos, sentidos na "pele" por toda a equipe e pelos navegadores, como mau cheiro, sujeira, trechos assoreados, grande possibilidade de contrair doenças, etc.

Mas, a nosso ver, os produtos comunicativos que mais possuem o caráter de denúncia são os 14 Boletins Informativos, produzidos durante o evento, cada um direcionado a uma sub-bacia específica, vinculada à Bacia do Rio das Velhas. Mesmo que os boletins tenham sido prioritariamente produzidos para agentes midiáticos, alguns foram distribuídos durante a Expedição, além de estar dispostos no *site* do evento, dentro de uma seção específica. É interessante notar que a estrutura editorial dos boletins foi concebida de uma forma quase padronizada para todos; o texto, escrito de forma jornalística, tinha características objetivas e impessoais, e as denúncias se dividiam em algumas temáticas específicas: esgoto, lixo, atividade industrial, mineração, qualidade das águas, saúde e peixes.

Para demonstrar a estrutura dos boletins, é possível utilizar como exemplo o de número 1, "Cachoeira das Andorinhas/Rio Maracujá", uma vez que todos os outros possuem disposição semelhante. A subseção intitulada "Rio Maracujá: cenário de sujeira e poluição" traz dados que denunciam e esclarecem os motivos de sujeira desse rio, que é um dos afluentes do Velhas:

> Um dos primeiros afluentes a desaguar no Rio das Velhas é o Rio Maracujá, que corta os municípios de Itabirito e Ouro Preto, passando na área urbana do distrito de Cachoeira do Campo, onde recebe esgoto e lixo em sua calha. O Rio Maracujá é importante para o Velhas por desembocar muito próximo à sua nascente. Porém, segundo dados do Igam (Instituto Mineiro de Gestão das Águas), o IQA (Índice de qualidade das águas) do Rio Maracujá apresenta um valor ruim, principalmente no que diz respeito aos parâmetros de turbidez e coliformes fecais. Essa análise evidencia a ocorrência de lançamento "in natura" de esgoto doméstico nos cursos d´água. Dois comitês Manuelzão trabalham na revitalização do Rio Maracujá: o Comitê Rio Maracujá e o Comitê Amarantina. (BOLETIM nº 1, 2003)

Na seção "Esgoto", denuncia-se o despejo dos esgotos das cidades diretamente nas águas do Rio Maracujá ou de córregos que nele desembocam:

> No que diz respeito ao esgoto da região, a situação também está longe da ideal. O Departamento de Água e Esgoto (DAE) é responsável pelo serviço de coleta em Ouro Preto, enquanto em Itabirito ele é feito pelo Serviço Autônomo de Água e Esgoto (SAAE). Embora em Ouro Preto cerca de 74% dos domicílios despejem seu esgoto pela rede geral, outros 10,64% o fazem em fossas não discriminadas, enquanto 15,65% do esgoto é lançado "in natura", ou seja, sem tratamento, direto nos cursos d´água, conforme dados do DATASUS/2002. Esse fato é preocupante pois os índices são altos e o esgoto contamina as águas do rio, espalhando doenças, mau-cheiro e morte da biodiversidade, desaguando, ainda, nas águas do Velhas. Em Itabirito, isso também ocorre, sendo que os principais cursos prejudicados são os córregos Carioca e São José. (BOLETIM nº 1, 2003)

Na seção "Saúde", ao final do boletim, denuncia-se a "esquistossomose mansônica", presente nas águas do Velhas devido à contaminação fecal dos cursos d'água:

> Em toda a extensão do Velhas, a esquistossomose mansônica é considerada endêmica e preocupa principalmente na região do Alto e Médio Rio das Velhas. Embora a contaminação das águas gere a constante ameaça de várias doenças, como a giardíase ou febre tifóide, a esquistossomose mansônica é a mais alarmante e está diretamente relacionada à contaminação fecal dos cursos d´água, denotando a precariedade do saneamento ambiental. Crianças são vítimas fáceis dessas doenças e, embora tenha caído ao longo dos anos, a taxa de mortalidade infantil em Ouro Preto e Itabirito ainda é de 23,19 crianças a cada mil nascidos. O índice de internações por doenças enteroinfecciosas na bacia do Rio das Velhas, ou seja, relacionadas a condições sanitárias, também tem caído e representa, em Ouro Preto, 0,71%, enquanto em Itabirito esse índice é mais alto (1,82%), conforme pesquisa do DATASUS/2002. (BOLETIM n° 1, 2003)

Dessa forma, é válido notar que esses proferimentos denunciavam situações específicas ao longo dos afluentes do Rio das Velhas. Nesse sentido, as denúncias do Rio Maracujá certamente eram diferentes das do Ribeirão Arrudas ou do Onça. Acreditamos que essa tinha sido uma tentativa interessante de tematizar questões a partir de realidades que são conhecidas pelos sujeitos. Como indicado por Bohmam (2000) e desenvolvido no capítulo 1, é fundamental o entendimento dos contextos e dos quadros significativos das realidades nas quais os projetos de mobilização operam, para que seus discursos críticos possam ser reveladores de novos caminhos[35].

---

[35] Certamente, uma proposta pertinente seria examinar a distribuição desses boletins durante a Expedição nas cidades da Bacia. Mas, diante de nossos objetivos e das limitações desta pesquisa, não seria viável a realização de uma pesquisa de recepção. Nesse sentido, não é possível

Possibilidade de modificação: a recuperação da Bacia do Rio das Velhas

Os elementos argumentativos ligados à possibilidade de modificação apareceram na forma de proferimentos de recuperação da Bacia do Rio das Velhas: ou seja, tais proferimentos eram aqueles que não somente denunciavam a situação de degradação da Bacia do Rio das Velhas, mas também apontavam a necessidade de sua recuperação e despoluição. Em outras palavras, em vez de somente denunciar a grave situação da Bacia, a Expedição tentava disponibilizar elementos que indicavam a revitalização como uma causa realmente plausível. E é possível observar que tais proferimentos, em sua quase totalidade, eram formulados a partir de um mecanismo de comparação histórica: mostrava-se a "vida" que existia (por um "olhar biológico"), as condições em que se encontrava aquele espaço, antes de um uso social predatório de toda a região.

Vale ressaltar que a comparação histórica continha um sentido histórico "falseado": nem sempre variáveis políticas e sociais do contexto eram trazidas, nem eram investigados a fundo os motivos pelos quais o Rio se degradou (entre eles, por exemplo, possivelmente o próprio relato de Burton, que expôs a região e pôde ter estimulado sua exploração). A questão principal era a apropriação de falas e relatos que apontavam como os recursos naturais da região da Bacia se configuravam, com intuito de demonstrar que o Rio pode, de alguma forma, tentar se aproximar de uma condição de pureza na a qual esteve um dia. Dessa forma, em grande parte das vezes, eram acionados: o relato de Richard Burton (que, na maioria das vezes, era lembrado pelos navegadores ou pelo coordenador do Projeto) e o testemunho de pessoas e moradores que

---

inferir com mais segurança sobre a acessibilidade dos sujeitos às informações dos boletins. Entretanto, se configuraram como uma tentativa de disponibilização de elementos argumentativos acerca da causa do Manuelzão.

conheceram a região da Bacia em outra época, e vivenciaram um ambiente diferente.

Assim, além de descobrir um rio poluído e sujo, elementos argumentativos da Expedição, por meio dos recursos da comparação histórica, vêm apontar a ambiência de um rio limpo e de uma natureza extremamente rica. Destarte, a própria comparação histórica também não deixa de ser, por mesma, uma forma de denúncia de que a modernização predatória acabou por ser determinante na degradação e poluição do Velhas.

Em dois dos objetivos do Planejamento Geral da Expedição é possível notar que a comparação histórica foi uma preocupação do evento:

1) Fazer comparações com relatos de pesquisadores que navegaram há mais de 100 anos e há 50 anos e documentaram cada trecho, informando a existência de florestas, árvores centenárias, morros e montanhas, pontes, fazendas, cidades, os peixes, a fauna, as nascentes e coisas mais;

2) Subsidiar a elaboração de um livro com eixos temáticos georreferenciados no tempo e espaço, resgatando acontecimentos e episódios históricos e os relatos dos viajantes naturalistas do passado, relacionando-os com a experiência da viagem no curso do Rio das Velhas na atualidade e que tenha como fio condutor a mobilização em prol da recuperação da bacia hidrográfica (PLANEJAMENTO GERAL DO EVENTO, 2003).

A comparação histórica também se mostra mais presente no *site* da Expedição, na seção "Diário de Bordo". Como todo o percurso foi inspirado no trajeto de Burton, nessa seção, os registros apresentam comparações explícitas com seus registros da viagem, descrevendo em detalhes alguns trechos, como, por exemplo, no Diário de Bordo do dia 28 de setembro de 2003:

> Entre as aves avistadas por Roninho no trecho de hoje estavam exemplares de pomba verdadeira e pássaro preto. A paisagem do rio começa a ficar um pouco diferente, ainda que se mantenha a vegetação de cerrado. As macaúbas dão lugar a uma mata um

pouco mais densa, o que faz Roninho pensar que o solo é mais fértil. Entre as quatro corredeiras pelas quais os expedicionários passaram hoje, a Corredeira das Galinhas é a única citada por Richard Burton. Beto explica que, em muitos trechos, é difícil traçar um paralelo entre o Rio das Velhas navegado por eles e aquele descrito pelo expedicionário inglês, dada a diferença no volume de água. Na corredeira dos Carneiros, o "batismo" de Alexsander: "Waimu" vira pela primeira vez, mas ele e Sílvio retornam rapidamente. (DIÁRIO DE BORDO, 2003)

Em outros textos observamos a busca da fala de alguns moradores mais antigos e de pessoas que conhecem a região por muitos anos, para realizar a comparação com uma época passada, na qual a situação era diferente. Detectamos isso, por exemplo, no Diário de Bordo de 18 de setembro de 2003, escrito quando a Expedição passava na região do Ribeirão do Onça:

> Aproveitamos para conhecer a confluência do Ribeirão da Onça com o Rio das Velhas que os expedicionários viram ontem. Paramos o carro na "estrada velha de Santa Luzia", segundo o Cláudio, e entramos no terreno de Seu Odovir. Ele mostrou o lugar dizendo: "isso tudo já foi rio". De acordo com Seu Odovir, em época de cheia, o rio ainda chega a alagar 180 metros do terreno que é plano e não tem nenhuma mata ciliar. Avistamos bem o encontro dos dois rios. O Ribeirão da Onça (que muita gente chama de "do Onça") chega ao Velhas com suas águas sujas e cheio de espuma branca. Odovir diz que naquele dia a espuma está pouca e que há dias em que chega a 20 centímetros de espessura. (DIÁRIO DE BORDO, 2003)

No Diário de Bordo de 18 de setembro de 2003, também observamos a fala de um morador próximo às margens do Rio:

> Seu José também conta casos da época em que o Rio das Velhas era limpo. "Já peguei dourado de 15 quilos e hoje não tem mais nada", diz. Ele lembra que quase todos os peixes morreram há 20 anos, "quando mandaram o primeiro veneno". Seu José deve

se referir aos resíduos industriais, como ácido sulfúrico e arsênio, que são jogados no Ribeirão da Mata, que deságua no Velhas um pouco antes de sua roça, e no próprio Rio das Velhas, que passa bem perto de sua casa. (DIÁRIO DE BORDO, 2003)

Além disso, uma reportagem do Guia da Expedição (2003), que anuncia o lançamento do Livro sobre o evento, descreve que a primeira parte do livro será composta por esse diário de bordo: "o dia-a-dia dos caiaqueiros será entremeado com fatos históricos. Queremos comparar o que eles estão vendo com o que Richard Burton relatou", diz Eugênio Goulart, um dos organizadores da Expedição e responsável pela publicação.

A proposição de soluções

A proposição de soluções, como já diz o nome, representa elementos da dimensão argumentativa que evidenciam propostas para a recuperação atual do Rio das Velhas. No planejamento do evento, a proposição de novos entendimentos sobre a questão da temática ambiental estava entre quatro dos objetivos da Expedição:

> 1) Levantar as principais reivindicações da população ribeirinha, estimulando a sua participação nos comitês locais [...];
> 2) Indicar os trechos com maior beleza cênica e de melhor condição para a prática de esportes náuticos, pescaria e lazer, sem grandes riscos para os freqüentadores e esportistas e sugerir intervenções de recuperação destes locais;
> 3) Informar e mobilizar toda a população e meios de comunicação, divulgar mapas das diversas regiões da bacia, apontando para a necessidade do trabalho conjunto para o sucesso da Expedição;
> 4) Promover, nas sedes municipais e distritais banhadas pelo Rio das Velhas, palestras abertas ao público e eventos performáticos onde os caiaqueiros abordarão temáticas locais vinculadas à relação entre a Saúde, a Educação, a Cidadania e o Meio Ambiente. (PLANEJAMENTO GERAL DA EXPEDIÇÃO, 2004)

No *site* da Expedição, as propostas e as soluções para revitalizar o Velhas, a nosso ver, não estão expressas de forma clara, mas colocadas num discurso muito geral, sem especificações. Numa das reportagens do *site*, na seção "Sala de Imprensa", o caiaqueiro Ronald Guerra, concedendo uma entrevista à equipe de comunicação do projeto, diz de seu amor pelo rio, mas atenta para a necessidade de todas as pessoas da Bacia fazerem alguma coisa pela preservação dos córregos que passam perto de suas casas: "As pessoas precisam começar mudando os seus hábitos, mas é importante que elas também se reúnam para saber fazer pressão em órgãos públicos quando necessário". É válido notar a observação, mas as informações do *como fazer* não estão claras e nem disponibilizadas pelo projeto.

Mesmo que a proposição de soluções não tenha sido contemplada de uma maneira mais efetiva, as razões de existência pública da Expedição não são negligenciadas: por trás de toda a festa e de todo o espetáculo, estava presente, de alguma forma, a necessidade de revitalização do Rio das Velhas, seja por meio de denúncias, seja por meio de comparações históricas entre o relato de Burton e o de habitantes mais antigos da região.

De tal sorte, a dimensão argumentativa da *Expedição Manuelzão Desce o Rio das Velhas* teve como característica fornecer elementos argumentativos para justificar a tematização do Manuelzão. Nesse caso, a partir desses argumentos, o público da Bacia do Rio das Velhas é entendido como interlocutor de um debate; e dessa maneira, é convocado a se posicionar a respeito da degradação do Rio das Velhas. O **diálogo** – no sentido deliberativo do termo – seria assim a modalidade de participação comunicativa estabelecida com os sujeitos, seja na instância do comitê, seja em outros campos da vida social.

É fundamental observar como as dimensões analíticas também se articularam nos principais espaços de visibilidade pública em que esteve presente a Expedição. Tal questão será abordada no capítulo seguinte.

CAPÍTULO V

Um acontecimento mais ou menos amplo: a visibilidade pública da Expedição Manuelzão desce o Rio das Velhas

> Manuelzão, como os dois campeiros escutava, não conseguia ser mais forte do que aquelas novidades. – "Estória!" – ele disse, então. Pois, minhamente: o mundo era grande. Mas tudo ainda era muito maior quando a gente ouvia contada, a narração dos outros [...]. Muito maior do que quando a gente mesmo viajava, serra-abaixo-serra-acima.
> (GUIMARÃES ROSA,1984, p. 167)

Um evento cuidadosamente planejado para gerar visibilidade

A Expedição Manuelzão Desce o Rio das Velhas é um bom exemplo de um composto de ações estratégicas de comunicação, que empreenderam um considerável investimento na geração de visibilidade, por meio de ações peculiares, direcionadas a esferas diversas. Assim, além de organizar processos comunicativos com moradores nas cidades da Bacia do Rio das Velhas, o Projeto Manuelzão encaminhou estratégias específicas a meios e veículos de comunicação dirigida, bem como à mídia de massa.

De forma mais específica, recorrendo ao documento do Planejamento, intitulado *Campanha de Comunicação Manuelzão Desce o Rio das Velhas*, observamos que o tópico *Ações de Comunicação* descreve quatro tipos de ações, conforme seu caráter e seus objetivos, como se pode notar abaixo:

1) Veículos de Massa
Objetivo específico: Dar visibilidade regional à Expedição e fornecer informações de caráter noticioso.
Público-alvo: Beneficiados de toda a Bacia que nada sabem sobre a Expedição ou, caso saibam, não formaram opinião ou julgamento sobre o evento.

Onde?	O quê?	Quem?
TVs	Entrevistas nos jornais locais Terra de Minas Globo Repórter **Noticiário**	TV Globo: tentar garantir exclusividade para ela +TV UFMG e Rede Minas
Rádios comerciais	Entrevistas em programas NoticiárioSpot (só na 1ª quinzena de setembro)	Inconfidência FM, Guarani FM e CBN
Jornais e Revistas	Entrevistas Noticiário	Estado de Minas (entrevistas), Diário da Tarde, Hoje em Dia, O Tempo

2) Informações Qualificadas
Objetivo específico: Informar sobre a proposta da Expedição e seus eventos, sobretudo de forma explicativa. Dessa forma, os públicos podem participar e se vincular ou reforçar vínculos com o Projeto Manuelzão.
Público-alvo: Legitimadores do Projeto que ainda não passaram do nível de julgamento para o nível da ação.

Onde?	O quê?	Quem?
Jornal Manuelzão	Edição especial	Equipe Manuelzão dá o recado
Site	Página específica Diário de bordo	Retaguarda
Rádios locais	1. Oficinas de Capacitação nos comitês e rádios (em três pontos da Bacia)	Laboratório de comunicação
	2. Sensibilização da mídia local com pautas factuais da passagem dos expedicionários	Vanguarda

3) Eventos
Objetivo específico: Reunir os públicos em ocasiões que reforçam o imaginário do Projeto Manuelzão (sentimento de pertença à Bacia hidrográfica e mobilização pela revitalização da Bacia).
Público-alvo: Beneficiados, legitimadores e geradores das localidades onde acontecerem os eventos (destaque para participação dos comitês, público gerador, na execução das atividades).

4) Apoio
Objetivo específico: Promover uma unidade visual ao conjunto de ações da Expedição, gerando uma identificação coesa dos públicos com as atividades realizadas.
Público-alvo: Beneficiados, legitimadores e geradores (destaque para equipe de realização do evento, geradores institucionais, que deverão conhecer, utilizar e zelar pela identidade visual da Expedição).

O quê?	Onde?	Tiragem	Quem?
Faixas	Municípios onde houver eventos	4 por evento	Aloísio (Porcão)
Banners	Locais onde ocorrerem eventos	10	Cria e Antônio Carlos

O quê?	Onde?	Tiragem	Quem?
Cartazes	Universidades (UFMG, UFOP), Comitês, pontos estratégicos dos municípios por onde a Expedição passar e cidades próximas (rodoviárias, postos de saúde, escolas)	1000	Cria e Segrae
Camisetas	Expedicionários, comissão organizadora e venda para público interessado	1000	Cria e Rogério
Adesivos	Barcos e carros	12	Cria e Antônio Carlos

(CAMPANHA DE COMUNICAÇÃO, 2003)

É interessante também notar como a Assessoria de Comunicação do Projeto Manuelzão se estruturou para realizar estas ações de comunicação. Durante a Expedição, a Assessoria se dividiu em três equipes: *vanguarda*, *expedição* e *retaguarda*:

> Assessoria de Comunicação
> Marina Torres, estagiários e voluntários formarão as seguintes equipes:
> I- *Vanguarda*
> Equipe de Comunicação e Organização, que percorrerá os pontos de passagem, chegando antes da equipe da Expedição para executar a mobilização local em torno do evento. Tem como função: fazer contato com a mídia local, organizar eventos, identificar o ambiente local com as peças publicitárias do Projeto Manuelzão.
> II- *Expedição*
> Navegadores+cinegrafista+fotógrafo+ jornalista+ carro de apoio. Tem como função realizar e registrar a experiência, fazer diário de bordo, anotar pontos filmados e fotografados.
> III- *Retaguarda*
> Assessor de Comunicação+Estagiários. Tem como função dar o suporte necessário às atividades da

Expedição que exijam visibilidade regional; centralizar as informações e repassar para a mídia; atualizar o site, atender a imprensa.

(CAMPANHA DE COMUNICAÇÃO, 2003)

A partir dos dados relativos aos tipos de ações e à própria organização da Assessoria para a realização do evento, podemos sintetizar e inferir que as estratégias de comunicação planejadas pelo Projeto Manuelzão contemplaram quatro principais *espaços de visibilidade publica*: **o midiático massivo, o midiático massivo local, o presencial e o telemático**.

Em nosso trato, operamos com as seguintes definições: **espaço de visibilidade midiático massivo** como o gerado pelas emissoras de televisão e de rádio, bem como pelos jornais e revistas, em sua quase totalidade situados na capital Belo Horizonte, cujo alcance estende-se a toda região da Bacia do Rio das Velhas; **espaço de visibilidade midiático massivo local** como o gerado pelas emissoras de televisão e de rádio, bem como pelos jornais e revistas situados nas cidades da Bacia do Rio das Velhas, e cujo alcance limita-se somente à cidade/ao local em que se encontram; **espaço de visibilidade presencial** como o compartilhado presencialmente pelos indivíduos, ao longo do Rio das Velhas ou nas próprias cidades da Bacia, cujo alcance corresponde ao espaço compartilhado fisicamente durante a passagem da Expedição; por fim, o **espaço de visibilidade telemático** como o gerado na rede mundial de computadores – a Internet, com alcance ilimitado, constituído principalmente por meio do *site* da Expedição e de outros *sites* que divulgaram e se apropriaram do evento. Notamos que o **espaço de visibilidade dirigido**, no caso da Expedição, esteve diluído nos outros espaços. Dito de outra maneira, as peças, os eventos e os instrumentos de comunicação dirigida, durante a Expedição, estiveram mais ligados, ao espaço presencial ou midiático massivo do que propriamente a um espaço dirigido de visibilidade[36].

---

[36] De certa forma, quase todos os produtos e as estratégias de comunicação elaborados pelo Manuelzão, como o site, o Guia da Expedição,

É possível dizer que o Projeto Manuelzão procurou ampliar de modo considerável sua causa de revitalização da Bacia, buscando se fazer presente nesses espaços de visibilidade públicos e potencializar um processo comunicativo na sociedade. Entretanto, é instigante notar que somente isso não é bastante para determinar que controvérsias sejam geradas, e sujeitos cheguem a se posicionar numa situação de debate público. Ao lado dessa amplitude, é fundamental saber se: (i) a visibilidade alcançada pela Expedição, nos espaços de visibilidade, teve uma dimensão argumentativa; e (ii) caso a dimensão argumentativa seja detectada, como ela agenciou argumentos.

Isso não significa dizer que, para gerar controvérsia e visibilidade públicas, a Expedição somente poderia se constituir por um caráter argumentativo racional. Ao contrário, sabemos que, para alcançar a esfera pública, às vezes é preciso lançar mão de estratégias e recursos espetaculares ou festivos, dentre outros. Todavia, a Expedição não se configura como uma ação qualquer que deseja se tornar conhecida. Parte-se do pressuposto de que, como uma ação vinculada a um projeto de mobilização social, deve justificar sua existência pública e convocar o envolvimento coletivo em suas questões.

Dessa forma, pretendemos, ao longo deste capítulo, apresentar a visibilidade midiática alcançada pela Expedição nos espaços de visibilidade *presencial, midiático massivo, midiático massivo local,* e *telemático*[37]. Contudo, nosso interesse é explorar, de modo sistemático, apenas o espaço de visibilidade **midiático massivo**. Isso, porque, além de conseguirmos recolher

---

as edições do Jornal, a marca, etc. perpassaram por esses quatro espaços, exceto os *spots* de rádio, produzidos especialmente para as rádios locais das cidades da Bacia.

[37] Como não foi possível realizar uma pesquisa com os comitês e os moradores de toda a Bacia, tendo em vista os limites desta pesquisa e o escopo dos objetivos propostos, nossas considerações não se direcionarão com mais vagar ao espaço de visibilidade presencial, mesmo porque não conseguiremos ter a dimensão do que realmente foi a Expedição Manuelzão Desce o Rio das Velhas "ao vivo", em uma pesquisa desenhada para tal fim.

um material adequado e considerável para análise, se estamos interessados em examinar a possibilidade de uma causa alcançar visibilidade ampliada, este é o veículo que melhor corresponde aos nossos propósitos. Certamente, uma possibilidade de investigação seria comparar a visibilidade concedida pela mídia massiva e a concedida pela mídia local[38]. No entanto, nosso interesse é detectar como projetos com as características do Manuelzão ganham acesso ao espaço de visibilidade massivo e são, dessa forma, expostos ao conhecimento de um amplo número de sujeitos.

De tal sorte, o evento pode ser analisado a partir de três dimensões propostas: **espetacular, festiva** e **argumentativa**. Vale salientar que não desenvolvemos pesquisas de recepção. Em vez disso, tratamos das regras de apresentação da Expedição e da causa de revitalização, a fim de apontar os recursos acionados pelo texto jornalístico televisivo diário, no espaço de visibilidade midiático massivo.

Nosso grande desafio foi buscar identificar se, por meio da Expedição Manuelzão Desce o Rio das Velhas, existiu uma tentativa e uma tendência para que os sujeitos da Bacia do Rio das Velhas – público principal do evento – tiveram condições de sair da posição de somente *audiência* ou *participantes de uma festa* e, potencialmente, se tornar também *interlocutores* de um debate acerca da temática proposta.

Contudo, salientamos que, mesmo dando foco principal ao espaço de visibilidade midiático massivo, não desconsideramos a relevância dos outros espaços de visibilidade midiáticos. Como já apontado, esses espaços foram alvo de estratégias

---

[38] Em relação ao midiático massivo local, não foi possível encontrar material suficiente para caracterizá-lo com maior grau de detalhamento. Em relação às rádios – principal veículo local elencado pelo Projeto no planejamento da comunicação – possuímos em mãos apenas três *spots*, produzidos pela equipe do Projeto e encaminhados às diversas rádios locais para ser veiculados antes e durante a realização da Expedição. Além disso, não há um registro sistematizado do que foi veiculado pelas rádios durante o evento.

comunicativas planejadas e tiveram importância na constituição do evento como um todo. Justamente por isso, antes de analisarmos o espaço de visibilidade midiático massivo, buscaremos apresentar, de maneira geral, os espaços de visibilidade midiático *presencial, massivo local* e *telemático*.

Os espaços de visibilidade *presencial*, *midiático massivo local* e *telemático*

O **espaço de visibilidade presencial** (como o espaço compartilhado presencialmente pelos indivíduos, ao longo do Rio das Velhas e nas próprias cidades da Bacia, durante a passagem da Expedição) certamente desempenhou importância fundamental para o evento como um todo. Nos objetivos originais da dissertação de mestrado, uma de nossas inquietações era obter opiniões dos estrategistas e organizadores da Expedição Manuelzão Desce o Rio das Velhas a respeito do momento de realização do evento, nas cidades da Bacia. Queríamos conhecer, na visão deles, como os momentos de festa, espetáculo e expressão argumentativa se configuraram no espaço presencial, como era tratada a temática da revitalização e, principalmente, como foi a participação dos habitantes das cidades na Expedição, durante sua passagem.

Como fugiria ao foco deste capítulo – a descrição mais detalhada do espaço midiático massivo – optamos por não disponibilizar os vários depoimentos dos estrategistas da Expedição, obtidos na pesquisa qualitativa desenvolvida no âmbito da dissertação. Entretanto, para sintetizar as considerações, é possível descrever alguns pontos levantados, que contribuem para um breve entendimento do espaço de visibilidade presencial.

Em linhas gerais, os estrategistas destacaram positivamente a organização descentralizada da Expedição, que contou com a organização local de cada Núcleo em sua área de abrangência. Em vários momentos, frisaram que tal fato foi fundamental para estimulá-los a uma participação efetiva, durante a passagem da Expedição nas cidades, bem como para um fortalecimento expressivo das divulgações locais, empreendidas pelos integrantes de cada Núcleo Manuelzão.

É possível observar, também, tanto pelos tipos de eventos realizados nas cidades da Bacia, quanto pelas falas dos estrategistas, que a dimensão festiva, no espaço presencial, possivelmente foi bastante pronunciada, em relação às outras dimensões – sendo este um espaço privilegiado para que tal dimensão pudesse ser analisada e observada. Certamente, existem várias possibilidades de análise em relação ao espaço presencial e, diante das opções ora propostas, arriscar outras formulações acerca da articulação das dimensões da Expedição neste espaço seria certamente frágil, dados os procedimentos analíticos elencados para a análise geral do evento.

O **espaço de visibilidade midiático massivo local** (gerado pelas emissoras de televisão e de rádio, bem como pelos jornais e revistas situados nas cidades da Bacia do Rio das Velhas) tinha alcance limitado e pertencia à cidade ou ao local que o constituía, durante a passagem da Expedição. Dessa maneira, diferentemente do espaço de visibilidade midiático massivo, é possível constatar que não existiu somente um único espaço massivo local, mas inúmeros. Isso porque, em cada cidade da Bacia do Rio das Velhas, esse espaço ganhou formatos distintos e características peculiares. A diversidade cultural, econômica e social ao longo do trecho do Rio das Velhas é enorme e, certamente, diferenças midiáticas – tanto em relação ao tipo de veículo quanto ao estilo – existiram. Há cidades, como Curvelo e Ouro Preto, que possuem um grande número de veículos, como televisão, jornais e rádios. Entretanto, há localidades, como Barra do Guaicuí e Santa Rita do Cedro, cuja única mídia que perpassa a vida coletiva do lugar é o rádio.

Nesse sentido, é possível entender uma opção definida pelo Projeto Manuelzão, ao buscar adentrar o espaço midiático local: a escolha do rádio como principal mídia. Assim, antes mesmo do evento, foram gravados três *spots* em Belo Horizonte, e distribuídos às inúmeras rádios locais ao longo da Bacia. E, durante a Expedição, o contato com a mídia local era de maior responsabilidade da equipe *vanguarda* da Assessoria de Comunicação. Ao chegar à cidade, os integrantes da *vanguarda* tentavam agendar entrevistas nas rádios locais e entregavam o material produzido sobre o evento, especialmente o Guia da Expedição, bem como os *spots*, às rádios que não os tinham recebido anteriormente.

Sabemos, por meio das entrevistas com os estrategistas, que muitas rádios locais promoveram cobertura da Expedição, ocorrência que, segundo eles, foi fundamental para a configuração da mobilização como um todo. Todavia, mesmo que não nos aprofundemos na análise, consideramos importante ressaltar que o Projeto Manuelzão, ao buscar estratégias midiáticas, não se limitou a empreender esforços para adentrar os principais veículos de comunicação com abrangência no Estado de Minas Gerais, mas buscou estabelecer processos comunicativos e conversacionais com os sujeitos da Bacia do Rio das Velhas a partir da tentativa de geração de visibilidade midiática local.

Sobre o **espaço de visibilidade telemático** (gerado na rede mundial de computadores – a Internet, com alcance ilimitado, constituído principalmente por meio do *site* da Expedição e de outros *sites* que divulgaram e se apropriaram do evento), é possível notar uma tentativa muito especial de gerar visibilidade à Expedição nesse espaço, a partir da constituição de seu *site*.

O *site* foi um forte compilador de todas as informações que foram disponibilizadas pelo Projeto em todos os outros espaços de visibilidade. Todas as informações sobre a Expedição foram organizadas em seções distintas, para orientar o internauta. Além das informações básicas, o *site* continha as seções *Diário de Bordo* – que, na forma de um estrutura narrativa, contavam mais livremente sobre o dia-a-dia da Expedição – e *Sala de Imprensa* – que continha todos os *releases* encaminhados à mídia de massa, todos os boletins temáticos das sub-bacias, bem como reportagens organizadas pelo próprio projeto.

É interessante, também, notar como no *site* da Expedição era grande a presença de imagens e recursos visuais. Na página de abertura, existia um mapa do Rio das Velhas que, durante a Expedição, indicava diariamente em que ponto do percurso estavam os expedicionários. Além disso, na seção "galeria", também na página principal, existia uma série de *links* para que o internauta pudesse retirar: (a) fotos da expedição: havia fotos dos expedicionários durante o percurso, de apresentações artísticas e culturais nas cidades por onde passaram; fotos de monumentos históricos da região do Velhas; fotos de moradores de algumas cidades da Bacia que participaram do evento; (b)papéis de parede: existiam quatro tipos de papéis de parede: um com a marca da Expedição e a foto do vaqueiro Manuel Nardy, outro somente com a marca; uma terceira, representando uma foto de um caiaque no rio, tirada contra a luz do sol; e ainda uma quarta com os carros do Projeto Manuelzão na chegada a Belo Horizonte, estacionados na Praça da Liberdade; (c) mapas: havia dois tipos de mapa para cada uma das três regiões da Bacia do Velhas (região do Alto, do Médio e do Baixo Velhas): um mapa ilustrando os trechos de percurso e outro representando os pontos de apoio dos expedicionários; e (d) arquivos de áudio e vídeo: filmagem dos principais trechos, depoimento dos canoeiros e de moradores. Todos esses recursos, a nosso ver, foram importantes dispositivos espetaculares para "capturar" a atenção do internauta.

Assim, oferecendo um número grande de informações e possibilidades, acreditamos que o *site* significou, no mínimo, uma importante presença da Expedição no espaço de visibilidade telemático. Algumas relações de suas características com as dimensões analíticas propostas foram analisadas no capítulo 5. Inclusive, a nosso ver, o *site* apresentou uma dimensão argumentativa considerável. Nesse sentido, a questão principal que fica relaciona-se não tanto às características do *site*, mas ao acesso a seu espaço. É provável que, em muitas cidades da Bacia do Rio das Velhas, o acesso à internet seja ainda restrito. Apesar disso, sua presença foi fundamental, mesmo porque, além de gerar visibilidade direta ao internauta, poderia também adentrar os outros espaços de visibilidade: tanto o presencial quanto os midiáticos.

O espaço de visibilidade midiático massivo

Segundo consta mais detalhadamente no documento do Planejamento de Comunicação, denominado *Campanha de Comunicação Manuelzão Desce o Rio das Velhas"*, o **espaço de visibilidade midiático massivo** foi contemplado com o subtópico *Veículos de Massa*, conforme apontado no item 6.1. De forma sintética, a busca por esse espaço orientava-se pelo desejo de dar visibilidade regional à Expedição e de fornecer informações de caráter noticioso. Para isso, uma das estratégias escolhidas foi a elaboração de *releases* – sugestões de pautas – encaminhados aos principais veículos de comunicação com abrangência regional no Estado de Minas Gerais – e, quiçá, a alguns veículos de circulação nacional.

Os releases e algumas de suas características

Os oito *releases* encaminhados para a mídia, durante a Expedição, eram produzidos à medida que os navegadores desciam o Rio: as equipes de *vanguarda* e *expedição* da Assessoria de Comunicação repassavam regularmente à equipe *retaguarda* informações do trajeto percorrido, das recepções acontecidas, bem como do trajeto a percorrer e das recepções programadas. Assim que as informações eram recebidas, os *releases* – escritos de forma mais impessoal, aproximando-se de um estilo jornalístico – eram confeccionados e encaminhados à mídia em tempo hábil para a produção das matérias[39].

Os primeiros iam acompanhados de outros textos, com informações mais detalhadas sobre o projeto e mesmo sobre a Expedição. A idéia era fazer com que, caso os agentes da mídia tivessem interesse despertado para a cobertura do evento, eles já dispusessem de informações suficientes para

---

[39] Os *releases* eram, em sua maioria, do tamanho de uma lauda, contendo no alto da página o título, vindo logo em seguida o texto, e, ao final da página, o telefone do Projeto para contato, bem como o endereço do *site* do evento.

produzir suas matérias. Junto aos *releases,* durante a realização das entrevistas com os estrategistas, fomos informados de que os boletins temáticos eram, também, encaminhados de forma que pudessem fornecer dados mais aprofundados sobre aspectos específicos de cada região pela qual passariam os expedicionários.

De forma geral, é possível detectar *releases* de naturezas distintas, correspondendo às configurações de festa, espetáculo e argumentação. A tentativa de demonstrar a instalação de um âmbito extraordinário, com a realização da Expedição, informações sobre a aventura de descer o percurso, dados sobre os caiaqueiros, informações sobre as festas e os manifestações culturais, os argumentos e os objetivos do evento são alguns exemplos da presença das dimensões em sua constituição. Isso fica evidente nos próprios títulos dos *releases*:

- **Primeiro**: "Partida simbólica da Praça da Liberdade abre a *Expedição Manuelzão desce o Rio das Velhas*"
- **Segundo**: "Começa a *Expedição Manuelzão Desce o Rio das Velhas*"
- **Terceiro**: "Expedição pelo Velhas será recebida amanhã em Sabará"
- **Quarto**: "Navegadores percorrem trecho mais poluído do Velhas"
- **Quinto**: "Expedicionários passam fim de semana na Fazenda Jaguara"
- **Sexto**: "Expedicionários visitam trecho da Estrada Real, próximo a Curvelo"
- **Sétimo**: "*Expedição Manuelzão Desce o Rio das Velhas* chega ao fim neste sábado"
- **Oitavo**: "Expedição será recebida com carreata em Belo Horizonte"

Um dos pontos que mais nos despertou curiosidade é a influência dos releases na elaboração das matérias veiculadas pela mídia televisiva. Obviamente, não há uma correspondência exata de informações. Vale ressaltar que nosso interesse primordial não seria observar qual foi o nível exato de correspondência entre os enquadramentos das matérias veiculadas pela mídia e enquadramentos sugeridos nos *releases* pelo projeto. Por outro lado, é inegável a influência dos *releases* nas reportagens, evidenciando como um trabalho estratégico de comunicação e de relações públicas pode ser fundamental para a geração de visibilidade a causas sociais.

Nesse sentido, a continuidade de nossa análise do espaço de visibilidade midiático massivo foi dividida em outras três grandes partes. Em primeiro lugar, realizamos uma apresentação geral da cobertura televisiva. Em segundo lugar, escolhemos a cobertura mais expressiva de duas emissoras – a Rede Globo de Televisão e a Rede Minas – para apresentar dados qualitativos acerca da visibilidade fornecida, a partir do modelo analítico desenvolvido no capítulo 3. Assim, buscamos identificar as categorias analíticas de espetáculo, festa e expressão argumentativa e suas evidências na cobertura midiática massiva. E em terceiro lugar, a título de conclusão do capítulo, procuramos por considerações que apontassem para um quadro mais amplo da relação entre a mídia e o próprio processo de mobilização social, em última análise.

Apresentação geral da cobertura midiática massiva

A cobertura da Expedição Manuelzão Desce o Rio das Velhas foi bastante ampla no circuito televisivo. Para evidenciar tal fato, a partir de uma análise quantitativa geral, foram selecionadas particularmente as emissoras de televisão de sinal aberto[40] com alcance regional, ou seja, em todo o Estado. Consideramos as matérias veiculadas entre 10/09/03 e 19/09/03, três dias antes e três dias depois do evento.

De maneira geral, produziram reportagens as equipes de telejornalismo das emissoras Rede Globo de Televisão, Rede Minas, Rede Bandeirantes e Rede TV!. Ao todo, foram recolhidas 24

---

[40] Emissoras de televisão de sinal aberto são aquelas cujo sinal de transmissão o indivíduo não paga; basta possuir o televisor e apenas antena apropriada.

matérias, no período aproximado de um mês, sobre o evento – um volume que pode ser considerado relativamente alto para os padrões da mídia televisiva – e 6 matérias relacionadas ao projeto Manuelzão, após a Expedição, cujo registro possuímos até 22 de outubro, onze dias após o término do evento. Entre o formato das matérias, é possível observar entrevistas ao vivo – em estúdio e externas –, e matérias editadas (sem contar com o Programa Globo Rural, da Rede Globo, e o Programa Brasil das Geraes, da Rede Minas, feitos exclusivamente sobre a Expedição, que não farão parte de nossa análise empírica).

Conforme pode ser verificado no Anexo, a Expedição ocupou um total de tempo, contando-se todo o período de realização do evento, de 59 minutos e 32 segundos – isso somente em matérias produzidas pelo jornalismo televisivo diário. Também, em tal anexo, pode ser verificado graficamente que o maior pico de visibilidade da Expedição ocorreu na primeira semana do evento, alcançando segundo lugar na última semana. A presença da Expedição no espaço de visibilidade midiático massivo televisivo nas 2ª e 3ª semanas de sua realização foi ínfimo.

Nas outras duas semanas, somente a Rede Globo de Televisão cedeu espaço ao evento, mesmo assim, muito pequeno se comparado aos dois maiores picos de visibilidade. Em outro gráfico, observamos que a Rede Globo e a Rede Minas foram as duas emissoras que mais deram cobertura ao evento. Além do fato de serem emissoras de naturezas diferentes (a primeira, eminentemente comercial, e a segunda, pública) – o que já justificaria uma verificação da Expedição em cada uma delas – certamente optamos por analisar as dimensões do evento a partir da cobertura de ambas uma vez que juntas somam um número significativo de matérias, em relação à cobertura geral[41].

---

[41] Como apresentado no Anexo, para uma análise mais detalhadas da cobertura, utilizamos, ao todo, 21 matérias, sendo 15 da Rede Globo e 6 da Rede Minas.

*As dimensões e suas evidências
na cobertura midiática massiva regional*

Nesta subseção, organizaremos a apresentação qualitativa dos dados conforme o modelo de análise apresentado no capítulo 2. Assim, ao categorizar o material midiático das emissoras de televisão Rede Globo e Rede Minas, buscamos observar o aparecimento de **elementos das categorias: espetacular, festiva** e **argumentativa**.

ELEMENTOS DA DIMENSÃO ESPETACULAR

a) A instalação do âmbito extraordinário:
   o caráter da aventura

É válido notar como os elementos da dimensão espetacular da Expedição se confundem com a própria característica da mídia de massa, especificamente do jornalismo televisivo. Isso porque não somente uma dimensão espetacular da Expedição esteve presente na cobertura televisiva, mas a própria cobertura televisiva já apresenta, por si só, características espetaculares. Nesse sentido, como já apresentado no capítulo 5, o fato de o Projeto Manuelzão organizar um evento com características espetaculares já justifica a expectativa de que elementos espetaculares encontrados nos produtos – concebidos como estratégias de comunicação formulados pelo próprio projeto – sejam também encontrados no espaço de visibilidade midiático massivo.

De início, é possível observar as inúmeras tentativas empregadas pelos agentes da mídia para demonstrar que a Expedição foi capaz de "instalar um determinado âmbito extraordinário" na região da Bacia do Rio das Velhas. E, neste caso, além do caráter de excepcionalidade do próprio evento, o que observamos é que o "extraordinário" estava quase sempre ligado ao caráter de aventura da Expedição; ou seja, descer o Rio das Velhas nas condições em que ele se encontra, representa uma tarefa arriscada e, justamente por isso, deve ser notada e aplaudida.

Em inúmeras reportagens, o extraordinário ligado à aventura foi um tema bastante recorrente. A matéria de 13 de setembro de 2003, do jornal "MGTV 1ª edição", da Rede Globo de Televisão, por exemplo, inicia-se com imagens da Praça Tiradentes, em Ouro Preto, com a voz do repórter em BG: "Na praça histórica de Ouro Preto, um cenário incomum. Os caiaques são para uma Expedição no Rio das Velhas". Na matéria do dia anterior, do mesmo telejornal, o repórter anuncia: "Um desafio no leito do maior afluente do Rio São Francisco. Serão 760 quilômetros remando". Também em 10 de setembro de 2003, na Rede Minas de Televisão, a matéria é assim iniciada pelo repórter, âncora do telejornal: "Um mês viajando de caiaque por quase 800 km no Rio das Velhas. Essa aventura de 3 navegadores começa neste sábado, como uma iniciativa do Projeto Manuelzão".

O "extraordinário", em algumas reportagens, evidenciava o caráter de preparação, da saída de uma rotina de atividades comuns e necessidade de mudança de hábitos para descer o Rio das Velhas. Isso pode ser observado, por exemplo, na reportagem de 12 de setembro de 2004, do telejornal MGTV 1ª edição, da Rede Globo. Numa entrevista ao vivo com os caiaqueiros na Praça da Liberdade, o repórter, ao questionar em um tom jocoso Ronald Guerra sobre a Expedição, pergunta se eles irão "dormir e comer". Ronald então responde:

> Esta expedição, já estamos num processo de organização dela há 6 meses; então a gente, na parte de alimentação, temos uma dieta orientada por uma nutricionista, de acordo com o nível de energia que vamos estar gastando nas remadas; vamos estar hospedados nas áreas mais urbanas [sic].

O perigo e os riscos de se realizar tal aventura também foram enfoques muito utilizados pelos agentes midiáticos, em vários momentos da Expedição. A começar pelo início do percurso: para terem acesso ao Rio das Velhas, foi preciso descer, a rapel, uma pedra, na Cachoeira das Andorinhas, em Ouro Preto. Esse fato foi retratado na matéria de 13 de setembro de 2004, no telejornal MGTV 2ª Edição, da Rede Globo:

> [*Imagens da descida de rapel, combinada com fala do repórter*] O grupo teve que descer uma pedra de 45 metros

de altura, fazendo rapel. Em alguns trechos do percurso, não é possível usar o caiaque. Depois de duas horas, a primeira tarefa foi cumprida [*Imagens dos canoeiros chegando a um ponto programado para parada*]. Hora de consultar os mapas, e ganhar tempo.

Um dos momentos em que houve um grande destaque para a questão do perigo e do risco foi durante a passagem dos canoeiros pela Região Metropolitana de Belo Horizonte, onde se encontram os trechos mais poluídos do Rio das Velhas. Na matéria de 17 de setembro de 2003, no Jornal Minas 1ª Edição, da Rede Minas, há grande exposição de imagens que mostram o rio sujo, com espumas provenientes de lixo industrial e químico, e amontoados de garrafas pet. Antes de entrar de caiaque no Rio, os navegadores colocam máscaras especiais e equipamento de proteção. O interessante é que eles não fazem isso para si próprios, mas fazem questão de colocar os equipamentos para a câmera. Diz o repórter: "para enfrentar os riscos da poluição, os canoístas usam equipamento mínimo de proteção: óculos, blusão especial e máscaras". Sobre o mesmo tema e no mesmo dia, a Rede Globo deu ênfase maior ao fato:

> [*Grande exploração das imagens de poluição e dos equipamentos utilizados pelos canoeiros*] Ronald, Roberto e Rafael saem de Sabará usando óculos especiais e máscaras contra gases. É um protesto. Mas o equipamento será necessário mais à frente. [*Entra depoimento de Ronald Guerra, um dos caiaqueiros*] Onde que o Rio já começa a receber o Arrudas, que tem um nível de descarga alta e depois o esgoto do Onça... É um grau que a gente assim, tem que tá tomando bastante cuidado prá não virar o barco, se virar o barco tem que ter cuidados em relação com a saúde. (MGTV 1ª edição, 17 de setembro de 2003)

Momentos que também merecem destaque são aqueles quando a própria mídia, representada pelo repórter e/ou cinegrafista, tenta não apenas filmar a Expedição, mas "adentrar também por seu cenário". Além de imagens nas quais a

Expedição é filmada de dentro do caiaque, temos um bom exemplo desta característica na matéria de 11 de outubro de 2003, da Rede Globo, no MGTV 2ª edição. A reportagem é sobre o final da Expedição, na recepção dos navegadores em Barra do Guaicuí. A repórter está num caiaque, com colete salva-vidas para fazer a reportagem, dentro do Rio das Velhas. Logo depois, aparecem imagens da recepção e sua voz em BG: "Na chegada, o abraço dos amigos, e o carinho dos admiradores. É o fim da aventura, mas não é o fim do trabalho".

b) O caráter dramatúrgico da Expedição: a construção dos personagens e da narrativa

Um forte caráter dramatúrgico, também ligado com o "extraordinário" e com a aventura, foi conferido à Expedição, no espaço de visibilidade midiático massivo regional. E, a nosso ver, o esforço na construção de personagens pelos agentes da mídia e a intensa utilização de imagens e recursos sonoros, bem como de dispositivos de edição, são os principais fatores que contribuíram para conferir uma narrativa espetacularizada à Expedição, durante a cobertura.

Nesse sentido, Meyer (2002, p. 32) explicita como a mídia abarca um considerável caráter dramatúrgico, especialmente o jornalismo, que se vale da construção de personagens e da dramatização de sua linguagem. O autor elucida que, sendo assim, o jornalismo se compõe de alguns elementos, tais como personificação, conflitos de heróis míticos, narrativas arquetípicas, duelos verbais e rituais de reportar notícias[42].

---

[42] Além disso, para o autor, "drama e minidrama [...] são comuns justamente tanto em mídia impressa quanto em rádio ou TV. Eles representam um conflito trágico entre pessoas, quer heróicos ou não, dirigidos pelo destino em direção a um grande final [...] dramatizando a trajetória parabólica da existência humana. Nós experenciamos narrativas arquetípicas em estórias da mídia caracteristicamente estereotipadas, estocando figuras que retornam novamente e novamente para a vida e a arte: o pai e a mãe, o amigo e o inimigo, o soberano, e o bom garoto, o mau garoto, o traidor, o inocente [...] Estas figuras permitem à mídia estruturar sua apresentação de eventos como uma seqüência de um episódio significativo de uma narrativa" (MEYER, 2002, p. 32-33).

Na reportagem do MGTV 1ª Edição, da Rede Globo, em 13 de setembro de 2003, há uma interessante tentativa de transformar os caiaqueiros em personagens heróicos. Ao apresentar os navegadores, diz a repórter: "Os três canoístas têm a mesma idade, 44 anos, e o mesmo ideal: eles se uniram para conhecer melhor o Rio das Velhas e, assim, ajudar na recuperação da Bacia".

A necessidade e a intensa busca por imagens, características de um jornalismo televisivo, também podem ser notadas na tentativa de construção da figura de Richard Burton, na narrativa da Expedição. Na mesma matéria anterior, os agentes da mídia, ao falar de Burton, aproveitaram a imagem de um artista de rua de Ouro Preto que se vestiu do explorador inglês, na saída da Expedição. Com imagens do artista, diz o repórter em BG: "O artista de rua se vestiu de Richard Burton. No século XIX o explorador inglês percorreu o rio". É relevante notar que o deslocamento temporal, fez coadunar, no espaço midiático, temporalidades distintas. Entretanto, com um sentido histórico "falseado", construído pelo processo de espetacularização.

Um outro ponto marcante para análise foi o caráter seriado da cobertura da Expedição, empregado pelos telejornais. Como num folhetim, ao final de quase toda matéria, eram anunciadas "as cenas dos próximos capítulos", ou seja, por onde passariam os expedicionários nos próximos dias. Como exemplo da narrativa seriada, temos a reportagem do MGTV 1ª edição, da Rede Globo, em 13 de setembro de 2003. Diz o repórter: "Depois de vencer a Cachoeira das Andorinhas, em Ouro Preto, os canoístas seguem a pé até o distrito de Catarina Mendes. A partir daí, vão continuar o percurso de caiaque". Em grande parte das matérias havia uma espécie de recordação da matéria anterior, como uma forma de situar o telespectador que até então, eventualmente, não tivesse tomado conhecimento da Expedição. Por exemplo, na matéria da chegada dos caiaqueiros em Barra do Guaicuí, há uma retrospectiva, desde a partida: a Cachoeira das Andorinhas, o trecho mais poluído, a parte na qual o Rio começa a ganhar volume de água, até a chegada naquele ponto, que representava o final do percurso.

Essas questões caracterizam, também, os resumos semanais que eram feitos pela Rede Globo sobre a Expedição, veiculados todos os sábados. As pessoas que não acompanharam o evento durante a semana podiam obter informações por meio desses resumos. Vale destacar que, durante as duas semanas entre a primeira e a última da expedição, não houve propriamente uma cobertura realizada pela mídia, e somente a Rede Globo veiculou matérias sobre o evento. Mas isso só foi possível porque os jornais aproveitaram as imagens que o próprio Projeto captou durante o percurso. Como num fim de um grande espetáculo dramatúrgico, observamos a fala da repórter:

> Assim que eles [*os caiaqueiros*] apareceram, receberam o aplauso dos moradores [*imagens dos caiaqueiros chegando e aplausos. Segue ainda depoimento de Ronald Guerra, navegador, que fala ao remar*]: Missão cumprida! Parte da missão.... A outra parte é ver o Velhas recuperado (MGTV 2ª edição, Rede Globo, 11 de outubro de 2003).

Ligados à idéia anterior de aventura e enquanto personagens em vários momentos os navegadores são colocados como grandes heróis, que, "com bravura", vieram mostrar a necessidade de salvar o Rio das Velhas. Esse tom denuncista, próprio muitas vezes de ativistas, foi também muito explorado pelos agentes da mídia, certamente para chamar a atenção e despertar interesse nos telespectadores. Abaixo, seguem três matérias que demonstram o quanto essa característica esteve presente, de maneira geral, na cobertura:

> [*Junto às imagens do rio poluído, entra o tom de voz grave do repórter:*] 60% da água consumida pelos moradores da capital vem do Rio das Velhas; mas em troca, o maior afluente do São Francisco recebe esgotos e produtos químicos; as árvores da Mata Atlântica, que fazem parte do rio, já não existem mais; o assoreamento pode ser visto em vários pontos. Aos poucos,

o rio que, no passado, era admirado pela quantidade de peixes, agora vai sendo conhecido como o Rio do Lixo (MGTV, 1ª Edição, Rede Globo, 12 de setembro de 2004).

[*imagens e música com tom de suspense ao fundo*] Na primeira semana, surgem os sinais da poluição, que iria se agravar. Na Região Metropolitana de Belo Horizonte, eles [*os caiaqueiros*] são obrigados a usar óculos e máscaras contra gases. A partir de agora, o Rio das Velhas irá receber o esgoto do Rio Arrudas e do córrego do Onça. Lixo, desmatamento e assoreamento (Programa Fantástico, Rede Globo, 12 de outubro de 2003).

[*Caiaqueiro Beto, dando depoimento, e colocado ao final da matéria*] Eu tive a sensação muito nítida ontem, enquanto passávamos por Aurora Bicalho, por Raposos, por toda aquela região, que nós podemos emprestar o braço da gente para remar, mas a energia é do povo. E é o povo unido que vai salvar o Rio das Velhas! (Jornal Minas 1ª Edição, Rede Minas, 17 de setembro de 2003).

Por fim, é importante ressaltar que a presença das imagens foi fundamental, em todas as matérias, para provocar um rompimento com rotinas e construir o caráter extraordinário da Expedição. Certamente, essa é uma questão que atravessa todos os pontos de análise. Isso se deve a uma característica do próprio veículo escolhido como material empírico: a televisão. O jornalismo televisivo tem na imagem uma de suas grandes bases. Sendo assim, uma justificativa que demonstra o grande interesse da mídia televisiva para com a Expedição foi o fato de esta última oferecer possibilidades de geração de inúmeras imagens, como o rio, as paisagens, a própria descida.

É possível notar que, aproveitando as imagens produzidas pelo projeto, a mídia anuncia um "espetáculo", mas não com relevância suficiente para mobilizar recursos da empresa para captar e organizar informações, tendo em vista o custo alto do deslocamento até o evento para produção jornalística. Assim, acreditamos que, se o Projeto Manuelzão não tivesse encaminhado imagens para veiculação no espaço massivo, talvez a Expedição não ganhasse a cobertura que lhe foi conferida. Isso é capaz de evidenciar o quanto a Expedição foi, antes de tudo, um evento visual no espaço de visibilidade midiático massivo e o quanto uma forte dimensão espetacular esteve presente, desde o início de sua concepção mesma, pelos organizadores.

ELEMENTOS DA DIMENSÃO FESTIVA

a) A festa transformada em espetáculo

Certamente, um espaço de visibilidade midiático impõe grandes limitações a uma dimensão festiva. É quase impossível se falar em festa quando indivíduos não estão em contextos de co-presença. Nesse sentido, percebemos que a dimensão festiva da Expedição, quando apropriada pelos agentes da mídia no espaço de visibilidade midiático massivo regional, foi, quase sempre, transformada em um recurso espetacular.

Esse fato nos chamou atenção de modo especial, uma vez que se tornou recorrente em vários momentos da cobertura. A nosso ver, isso se deve ao fato de que as festas promovidas durante a Expedição nas cidades da Bacia serviram à mídia como grandes "geradoras de imagens" para a televisão. O "cenário", em grande parte dos eventos, tinha o rio como um de seus componentes principais. Os "atores" eram múltiplos e diversos: além dos protagonistas (os próprios caiaqueiros), havia também inúmeros "coadjuvantes" que, ora se destacavam da multidão com figurinos ou adornos especiais (o grupo do congado, o grupo de crianças, a banda de música), ora se amontoavam e eram retratados como uma coletividade.

Logo no início da Expedição, em 13 de setembro de 2003, o telejornal MGTV 1ª Edição, da Rede Globo Minas, explorou imagens da festa realizada na partida:

> [*Mostrando imagens da partida da Expedição, na Cachoeira das Andorinhas, em Ouro Preto. A repórter diz*] Antes da partida, uma festa para conscientizar a comunidade [*imagens da fanfarra de Ouro Preto*]. Entre convidados,

crianças e adolescentes preocupados com a preservação dos rios.

Na saída de Sabará, a recepção aos navegadores realizada pelas crianças agrega sentido de celebração ao fato:

> [*O cinegrafista mostra cena em que as crianças preparam a música para a recepção. Com as crianças cantando ao fundo, aparece o repórter, que diz*] Elas cantaram em homenagem ao Rio das Velhas [*O som capta e destaca as crianças cantando um trecho da música "O Rio": "e vai alimentar a fome, e vai matar a sede de toda a nação"*] (Jornal Minas 1ª edição, Rede Minas, 17 de setembro de 2003).

Outros momentos interessantes, em que a festa ganhou destaque nas matérias, foram tanto na chegada dos navegadores a Barra do Guaicuí, quanto na chegada de toda a equipe a Belo Horizonte, ocasião em que houve uma carreata até a Praça da Liberdade:

> [*imagens da chegada, e voz do repórter em BG*] A população de Barra do Guaicuí foi para o leito do Rio à espera dos canoístas [*imagens da banda de música, da festa realizada*] (MGTV 2ª edição, Rede Globo, 11 de outubro de 2003).
>
> [*imagens da carreata feita por toda a equipe do Projeto, em Belo Horizonte após a Expedição. Diz o repórter*] Em cima do carro os 3 caiaques usados na Expedição. Do restaurante popular, os canoístas saíram em carreta pelas ruas da capital. Em frente à prefeitura, foram recebidos com música. (MGTV 1ª edição, Rede Globo, 13 de outubro de 2003).

O fato de a mídia dar visibilidade à festa pôde, a nosso ver, ter despertado o interesse nas pessoas de comparecer à recepção dos expedicionários em suas próprias cidades. Esse "convite" pode aparecer, por exemplo, quando os agentes da mídia indicam os próximos pontos de passagem dos canoeiros, quando festas anteriores são retratadas, ou mesmo quando há realização de um convite explícito. Todavia, em nenhuma reportagem, percebemos a expressão de um convite explícito. Somente em uma matéria notamos que a mídia deu espaço a um dos navegadores para dizer sobre o caráter de alguns eventos, nos locais de parada da Expedição:

> [*Com a palavra Beto, um dos expedicionários*] Em cada lugar, em cada localidade, cidade que formos passando, vai ter um evento, vai ter uma palestra, vai ter um encontro com escola, vai ter assim, um movimento muito grande, né, no sentido de chamar a atenção das populações locais, prá que prestem a atenção no rio, não poluam, recuperem (Jornal Minas 2ª Edição, Rede Minas, 12 de setembro de 2004).

Ainda assim, na fala do navegador, é possível detectar um convite mais para "assistir ao espetáculo" chegando à cidade do que para participar dos momentos festivos de celebração da Bacia do Rio das Velhas.

ELEMENTOS DA DIMENSÃO ARGUMENTATIVA

a) Constatação e denúncia

Assim como nos produtos e nas estratégias elaboradas pelo Projeto Manuelzão, proferimentos de constatação e denúncia que apareceram no espaço de visibilidade midiático massivo regional representam aqueles que, possuindo um caráter revelador, apresentavam o grau de poluição e de degradação ambiental da Bacia do Rio das Velhas.

Na entrevista concedida à Rede Globo de Televisão pelo professor Apolo Lisboa, coordenador geral do projeto, a principal denúncia relaciona-se à questão do desmatamento: "[*Apolo fala*] O Rio das Velhas está morrendo de sede, está secando por causa do desmatamento, desmatamento é o maior inimigo de nossas bacias hidrográficas" (Bom dia Minas, Rede Globo de Televisão, 12 de setembro de 2003). É possível notar como a denúncia personifica o rio e, a nosso ver, constitui, além de um recurso espetacular, um recurso argumentativo de ligação para com os sujeitos, conforme vimos com Breton (1999) no capítulo 2. O coordenador do projeto faz denúncia também no início da Expedição, em entrevista na Cachoeira das Andorinhas, nascente do Velhas: "[*O coordenador fala*] "Você já encontra poluição de esgoto aqui, você encontra queimada, você encontra uma região socialmente perigosa para visita" (MGTV 2ª Edição, Rede Globo, 13 de setembro de 2003).

Na matéria de 17 de setembro de 2003 do telejornal Bom dia Minas, da Rede Globo de Televisão, os argumentos de denúncia aparecem a partir do depoimento de Rafael Bernardes, um dos navegadores, que concedeu entrevista próximo à calha do Rio, na cidade de Sabará: "Esse rio tem condição da gente navegar nele, cês veem a condição do Rio hoje, a poluição acabou com ele, nós saímos da Cachoeira das Andorinhas, a água límpida, à medida que vai descendo, os esgotos vão contaminando o Rio". Assim, é possível observar que o proferimento do canoeiro é construído por um mecanismo de constatação. A partir dos operadores analíticos indicados por Breton (1999) no capítulo 3, identificamos esse proferimento como o de autoridade, nesse caso, fundamentado numa experiência vivida pelo próprio caiaqueiro. Em processos de debate público, a constatação, muitas vezes, pode não fazer avançar o debate, uma vez que não permite a dúvida de outros participantes.

Observamos também, em algumas matérias, que, quando a denúncia não era expressa pelo coordenador do Manuelzão, ou pelos navegadores, ela vinha acompanhada de imagens. Entre os exemplos, selecionamos uma matéria do Jornal Minas 1ª edição, da Rede Minas:

> [*Imagens dos navegadores, seguida de imagem de garrafa pet no rio e de tubulação de esgoto caindo a céu aberto no rio; voz do repórter em BG*] Eles [*os navegadores*] querem chamar a atenção para a poluição do Rio, que sofre principalmente com o despejo de lixo e esgoto (Jornal Minas 1ª edição, Rede Minas, 17 de setembro de 2003).

Na reportagem de 17 de setembro de 2003, do telejornal MGTV 1ª Edição, da Rede Globo, os agentes da mídia deram espaço a uma fala do canoeiro Beto, que evidencia uma constatação. Não chega a ser uma proposta, propriamente dita, mas uma indicação de como olhar o Rio das Velhas de uma maneira diferente: "De alguma maneira, esse rio que não era percebido, ou percebido como morto, né, passa a ser visto como o quê? Como um rio que pode ser usado, utilizado, remado, curtido, vivenciado".

Nesse sentido, os proferimentos que apareceram na mídia não eram somente voltados para a denúncia, mas indicavam, de alguma forma, que a recuperação da Bacia e do rio seria um fato possível de se alcançar.

b) Pode-se ou não recuperar a Bacia?

Logo na primeira entrevista concedida, em 10 de setembro de 2003, no Jornal Minas 1ª Edição, da Rede Minas, Apolo, coordenador do projeto, faz a promessa de que "todos nós podemos chegar no ideal de voltar o rio como ele era, na época da Expedição de Burton".

Na reportagem do MGTV 1ª edição, da Rede Globo, em 17 de setembro de 2003, um morador é chamado a comparar a situação atual do Rio das Velhas com outros tempos:

> [*Imagens do morador e voz do repórter em BG*]: Seu Amarílio Passos guarda na lembrança a imagem de um outro rio: maior e bem mais limpo. Ele nasceu às margens do Rio das Velhas há 88 anos. [*Seu Amarílio*] Antigamente era Rio, hoje é córrego (MGTV 1ª Edição, Rede Globo, 17 de setembro de 2003).

Também na matéria do mesmo jornal, em 20 de setembro de 2003, um morador é chamado a depor: "[*Imagens de um morador próximo ao Rio, e voz do repórter em BG*] Os moradores se lembram de outros tempos. [*Fala do morador*] Tinha bastante peixe sim, se pegava peixe, sim, agora não tem é nada mais" (MGTV 1ª Edição, Rede Globo, 20 de setembro de 2003).

É interessante notar que, por várias vezes, uma frase dita pelo caiaqueiro Beto era repetida. Ele recupera uma parte do relato de Richard Burton para comparar o Rio com a situação atual: "Em todo o tempo que o Burton navegou, em 1867 pelo Velhas, navegou bebendo a água do Rio. Coisa que agora, para nós, é impensável" (MGTV 1ª Edição, Rede Globo, 13 de setembro de 2003).

Nesse sentido, proferimentos de recuperação, presentes na mídia, eram aqueles que apontavam à necessidade de despoluição do Rio das Velhas. Em outras palavras, ao invés de somente denunciar a grave situação da Bacia, ela disponibilizava, elementos de que a revitalização é um projeto possível. No espaço de visibilidade midiático massivo, eles eram acionados, principalmente, por meio de comparações históricas e de reivindicações de que o Rio pode, de alguma forma, tentar se aproximar de uma condição de pureza em que esteve um dia. Em grande parte das vezes, eram acionados: o relato de Richard Burton (que era, na maioria das vezes, lembrado pelos navegadores ou pelo coordenador do Projeto); as falas de pessoas e moradores que conheceram a região da Bacia em outra época e presenciaram um ambiente diferente; e depoimentos dos caiaqueiros.

Numa entrevista dos expedicionários e da equipe do projeto à Rede Globo, na Praça da Liberdade, em Belo Horizonte, o repórter pergunta ao coordenador os motivos pelos quais a Expedição sairia simbolicamente dali, como vemos abaixo:

> [*pergunta do repórter*] Então é fundamental que as pessoas de Belo Horizonte, daqui, se engajem nessa luta pela preservação do Rio das Velhas? [*Apolo responde*] Sobretudo Belo Horizonte, que é a única região metropolitana em toda a Bacia do São Francisco, e, sobretudo porque toda a água de BH vai para o Rio das Velhas através do Onça e do Arrudas. Dessa forma, nós estamos chamando a atenção de que é possível recuperar o Rio das Velhas, desde que cesse o desmatamento e se dê um destino correto ao lixo e ao esgoto. Nós achamos que a mobilização da população é capaz de virar esta página de nossa história (MGTV 1ª Edição, Rede Globo, 12 de setembro de 2004).

Uma prática muito comum que pudemos observar, em ambas as emissoras, foi a utilização de testemunhos para compor e caracterizar a recuperação. A nosso ver, a mídia recorria aos testemunhos como forma de incluir, no espaço de visibilidade, outras "vozes" de indivíduos que, por *especialidade técnico-científica, vivência direta no lugar* ou *aprendizado com a própria Expedição*, seriam supostamente mais "autorizados" a falar de assuntos relacionados ao evento e à própria revitalização, em última análise.

O principal escolhido dos agentes midiáticos para depor sobre a questão da revitalização, a partir de uma *especialidade técnico-científica*, foi o professor Apolo Lisboa, coordenador geral do Projeto Manuelzão. Como vimos nos tópicos anteriores, a fala do professor Apolo esteve presente no espaço de visibilidade midiático durante toda a cobertura da Expedição. Acreditamos que, para a mídia, a presença dele representou a voz de um especialista, que vislumbra a revitalização do Rio das Velhas a partir de um olhar científico, como membro da Universidade Federal de Minas Gerais.

Para oferecer testemunhos a partir de uma *vivência direta no lugar*, os agentes midiáticos escolhiam moradores da região, principalmente, os próprios expedicionários. Isso porque, a nosso ver, o discurso dos expedicionários, mais do que o de qualquer outro, representava a vivência direta no Rio, e, justamente por isso, era capaz de fazer uma ponte com o discurso anterior de Richard Burton.

Em quase todas as reportagens, o testemunho dos expedicionários estava presente. Na matéria de 16 de setembro de 2003, do MGTV 2ª Edição, da Rede Globo, há um depoimento dos caiaqueiros chegando a Sabará:

> [*Rafael Bernardes, eufórico, diz*] Este é o pontapé inicial que nos tamo dando, com a batalha prá gente salvar este rio! [*completa Ronald Guerra*] É a participação de cada um que vai mudar essa realidade, e eu acredito nisso! Eu acho que em pouco tempo nós vamo ver o

Rio das Velhas *sem o que a gente tem encontrado no caminho* (MGTV 2ª edição, Rede Globo, 16 de setembro de 2003).

Na matéria de 13 de outubro de 2003, do MGTV 1ª edição, da Rede Globo, temos um depoimento geral a respeito da Expedição, do navegador Rafael Bernardes, na chegada da equipe em Belo Horizonte:

> Saímos de um lugar maravilhoso, chegamos numa parte que parece que ele morreu, e de repente ele sozinho consegue recuperar e nos mostrar que ele sozinho dá conta se a gente ajudar ele, ele recupera rápido, rápido. (MGTV 1ª edição, Rede Globo, 13 de outubro de 2003)

E, por último, para demonstrar que a revitalização seria possível, por meio de um *aprendizado com a própria Expedição*, os agentes da mídia escolheram as crianças, sempre presentes em todos os eventos nas cidades. Na matéria de 13 de setembro de 2003, do MGTV 1ª edição, Rede Globo, uma criança depõe: "Eu aprendi que não pode jogar alimentos químicos, lixos, principalmente esgoto". Também na matéria de 17 de setembro de 2003, do Jornal Minas 1ª Edição, Rede Minas, encontramos outro depoimento:

> Hoje em dia as pessoas estão poluindo muito o rio; o rio, antigamente, que eu já ouvi falar, era limpo, dava prá pescar, hoje em dia não pode porque as pessoas não estão se conscientizando, estão poluindo Rio, e eu acho que esse trabalho vai ser muito bom. (Jornal Minas 1 edição 1ª edição, Rede Minas, 17 de setembro de 2003)

Por fim, acreditamos que não existiam apenas os testemunhos acima. A própria mídia – seus aparatos técnicos, seu discurso – apresentava aos habitantes da Bacia do Rio das Velhas um grande testemunho. Por meio de seus dispositivos audiovisuais, presenciava a Expedição e expunha, publicamente, tudo o que captava: a poluição, a descida em si, a mobilização. E ainda cedia espaço para dizer que a revitalização do rio era seria possível.

c) A proposição de soluções

A proposição de soluções, no espaço midiático massivo regional, aparecia no intuito de indicar alternativas para a revitalização, na situação atual do Rio das Velhas. Como já apontado anteriormente, acreditamos que tais proposições sejam de fundamental importância, principalmente no estímulo a um processo de debate público, uma vez que a partir daí são retiradas indicações e soluções endereçadas tanto a níveis políticos formais, quanto a níveis cotidianos e culturais, que precisam da transformação nos hábitos coletivos.

Apesar de em inúmeros momentos os agentes da mídia tocarem em questões relativas às propostas de revitalização, sugeridas pelo Manuelzão, de maneira geral, pelo próprio caráter do jornalismo televisivo (rapidez, velocidade, foco na imagem), notamos que o tempo disponibilizado não comportava o aprofundamento das propostas. Nesse sentido, não há tanto um questionamento sobre como revitalizar o rio, mas uma reivindicação de que isso seria possível.

É valido notar que a mídia, de certa maneira, também "ensaiava" a formulação de algumas propostas ou soluções. Na matéria de 17 de setembro de 2003, no Jornal Minas 1ª Edição, da Rede Minas, o jornalista, âncora do telejornal, anuncia a seguinte chamada: "São quase 30 dias de expedição pra mostrar ao mundo que o Rio das Velhas tem solução". Isso também acontece na chamada da matéria de 13 de outubro de 2003, do Jornal Minas 2ª edição: "O Rio das Velhas pode voltar a ser navegável e a produzir peixes, antes de 2010. A expectativa é dos integrantes da Expedição que navegou pelo rio durante 29 dias".

Na reportagem de 12 de setembro de 2003, numa entrevista do Professor Apolo ao programa Bom dia Minas, da Rede Globo, há uma tentativa de evidenciar algumas propostas, mesmo que apresentadas de forma genérica:

> [*Apolo fala*] (...) [um] problema são os esgotos domésticos e industriais, se a gente conseguir isso, tratando os esgotos, podemos garantir que em 2010 os peixes

vão voltar ao Rio das Velhas, chegar até Sabará, até ao Alto, como era antigamente.

Um outro apontamento que merece destaque é que não encontramos, em nenhuma matéria jornalística, o aparecimento de informações qualificadas, tecnocompetentes, que indicassem como cada pessoa ou instituição poderia agir no seu cotidiano para contribuir no processo de revitalização da Bacia[43]. Vimos, por exemplo, que a mídia cedeu espaço para o entendimento de que soluções tecnocompetentes dependem da cooperação dos moradores acionados como cidadãos, mas faltou dizer a partir de que meios essa cooperação pode acontecer. Por exemplo, podemos vislumbrar isso no depoimento dos navegadores Ronald Guerra e Rafael Bernardes:

> [fala de Ronald Guerra] A Expedição está dizendo que é necessário o exercício da cidadania. Cada um tem que cumprir um pouco pra que a gente possa voltar os peixes ao Rio das Velhas. [fala de Rafael Bernardes] Isso vai colaborar muito prá conscientização do povo na matéria de preservar o que já existe e tentar salvar o que já foi degradado (Jornal Minas 2ª Edição, Rede Minas, 12 de setembro de 2003).

Por fim, é interessante notar que, finda a Expedição, foi formulado um documento chamado de "Carta da Expedição". Essa carta foi encaminhada ao governo do Estado de Minas Gerais, com uma proposta de revitalização do Velhas, principalmente em trechos da região metropolitana. O curioso é que, após a entrega da carta, o Governo de Estado adotou a Meta 2010, criada pelo Projeto Manuelzão, cuja proposta é que no ano de 2010 as pessoas possam nadar e pescar no Rio das Velhas, na Região Metropolitana de Belo Horizonte. Os agentes

---

[43] Já no Programa Globo Rural, que tem uma outra proposta jornalística, as informações qualificadas apareceram algumas vezes. Mas não entraremos em detalhes, uma vez que seu material não faz parte de nossa análise.

da mídia, de maneira geral, se interessaram por esse fato. É o que vemos, por exemplo, na matéria abaixo:

> [*imagens da carreata,em Belo Horizonte, e em BG, a voz do repórter*] O Rio das Velhas ainda pode ser salvo, é o que diz este documento [*imagem do documento*], a "Carta da Expedição", já entregue às autoridades municipais das cidades que banham o rio, e que vai ser encaminhada ao governador Aécio Neves. [*entra fala do coordenador do Projeto, Professor Apolo*] A carta faz um diagnóstico do Rio das Velhas e propõe que se construa estações de tratamento de esgoto, próximo à Região Metropolitana de Belo Horizonte, e que daqui 4 anos, elas tiverem completas, com mais 2, 3 anos, vai ter peixe por toda a Bacia do Rio das Velhas Nós vamos poder nadar e pescar aqui, em Santa Luzia, e Sabará". (Jornal Minas 2ª Edição, Rede Minas, 13 de outubro de 2003).

d) A explícita exposição dos objetivos da Expedição

Além da constatação e da denúncia da situação atual da Bacia, da possibilidade de recuperação e da proposição de soluções, notamos que, no espaço de visibilidade midiático massivo regional, foram também encampadas falas que justificavam a realização mesma da Expedição, dentro do Projeto Manuelzão. Elas foram apresentadas em dois momentos da Expedição: no início e ao final do evento. Os maiores interesses da mídia eram evidenciar os objetivos da Expedição, bem como os resultados do evento.

Na entrevista concedida pelo Professor Apolo ao programa Bom dia Minas, da Rede Globo, em 12 de setembro de 2003, a repórter pergunta ao professor quais os objetivos da Expedição:

> [*Apolo responde*] Ela procura criar um sentimento de pertencimento à bacia hidrográfica; não é o município e as pessoas não sabem que pertencem à Bacia do Rio das Velhas, tanto que quem mora em Belo Horizonte não sabe que pertence à Bacia do São Francisco, que é maior. Iremos mobilizar a população, discutir porque o rio está secando, as causas da poluição,

esgoto, lixo, né, a questão do desmatamento, e nós vamos tentar mostrar que é possível a gente recuperar o rio e partir para um novo momento ambiental em Minas Gerais.

Sobre as razões da Expedição, Ronald Guerra, caiaqueiro, diz: "É muito mais para fazer uma mobilização de toda a população, mostrando a necessidade e a importância da recuperação do Rio das Velhas" (MGTV 2ª edição, Rede Globo, 13 de setembro de 2003).

Numa das reportagens, logo na chegada dos Expedicionários a Barra do Guaicuí, a repórter tenta mostrar decorrências após o evento:

> [*A repórter no final da matéria, diz*] O fim da aventura é apenas o começo de um novo trabalho. Os pesquisadores da UFMG agora vão comparar a situação do Rio das Velhas com as condições encontradas na última expedição, feita há mais de 130 anos (MGTV 1ª edição, Rede Globo, 13 de outubro de 2003).

Mas, mesmo assim, a nosso ver, os objetivos apareciam como se estivessem "por detrás" do Espetáculo, "na coxia", e não lado a lado. A encenação, portanto, é o fator mais evidenciado pela mídia, como se as razões não fizessem parte da *narrativa explícita* do evento.

Já sobre o interesse em um possível livro – aliás, já publicado – observamos a matéria de 12 de setembro de 2003, do Programa Bom Dia Minas, da Rede Globo, em que a repórter pergunta:

> O resultado desta Expedição vai estar num livro depois? [*Apolo responde*] Claro, iremos publicar um livro, com 40 capítulos, com temas cientificamente tratados por pessoas da Universidade Federal de Minas Gerais, e as memórias, que são o diário de bordo dos navegantes.

Também em outra matéria, no mesmo dia, no Jornal Minas 2ª Edição, da Rede Minas, o coordenador do projeto apresenta o livro: "Esse livro vai trazer relato da viagem, ele vai trazer artigos temáticos sobre a história do Rio das Velhas, fatores geológicos, naturais".

Como vimos na apresentação geral, após o término do evento, a Expedição e o Projeto Manuelzão ocuparam o cenário midiático até o dia 22 de outubro, somando, ao todo, o número de seis matérias sobre o Manuelzão. As matérias sobre a Expedição caracterizavam-se como uma espécie de "balanço" do evento e decorrências de sua passagem ao longo da Bacia do Rio das Velhas. As matérias sobre o projeto em geral traziam informações sobre ações que aconteceram após a Expedição, organizadas pelo Projeto Manuelzão.

Sobre as matérias relativas à Expedição, fica a sensação, própria do fim de ocasiões espetaculares, de que é hora de "fechar a cortina" para retornar à realidade. Nesse sentido, o que percebemos é que, nesse momento, quando é dada visibilidade midiática massiva regional ao Projeto, a expectativa dos próprios agentes da mídia não é mais com a captação do espetáculo. Justamente por isso, acreditamos que o momento de maior densidade argumentativa do Projeto Manuelzão no espaço de visibilidade midiático massivo regional foi após o evento, e não durante a Expedição em si.

Entre as matérias, podemos observar esse fato na entrevista com o professor Apolo Lisboa, em 14 de outubro de 2003, no Jornal Minas 1ª Edição. O entrevistador concedeu um tempo consideravelmente maior ao coordenador do Projeto:

> [*Apolo diz*] É, como você sabe, o Projeto Manuelzão, teve início na Faculdade de Medicina, com preocupação com a saúde. A gente não era ambientalista, vamo dizer assim, de carteirinha. Nós, procurando as causas da doença e como melhorar saúde da população, nós verificamos que a qualidade de vida era essencial. Foi por isso que nós passamos a nos preocupar com a questão do ambiente, e na questão do ambiente, nós passamos a preocupar com a água, que reflete a qualidade do ambiente e da nossa mente. Então, foi por aí. Neste caminho, nós fomos

confirmando: o número de ratazanas e lixo em certos afluentes do Rio das Velhas, né, ratazanas atraídas pelo lixo, a questão do grande impacto que tem nas hortas e na produção de leite e peixe, que o povo consome, alguns peixes que sobrevivem, peixes que morrem, a população pega, a população de baixa renda, come ou vende. Então, nós estamos diante de uma situação muito grave, do ponto de vista da saúde coletiva, e que precisa ser revertido. E essa Expedição serviu para isso, a Expedição deu uma "chacoalhada" na população, mais de 100 mil pessoas, provavelmente, receberam esta Expedição ao longo do rio (Jornal Minas 1ª edição, Rede Minas, 14 de outubro de 2003).

Sobre as matérias gerais relativas ao projeto, é possível constatar que houve uma considerável permanência do Manuelzão nas pautas jornalísticas televisivas, ao longo de quase um mês depois da *Expedição Manuelzão Desce o Rio das Velhas*. Matérias como limpeza de córregos, parcerias do projeto e outras pautas que tinham relação direta ou indireta com o Projeto Manuelzão (como é o caso de reportagens relativas à Transposição do Rio São Francisco), estiveram presentes no cenário midiático após o término da Expedição.

Considerações específicas a respeito da cobertura televisiva

Após buscarmos evidências das dimensões analíticas propostas, apresentaremos, algumas das considerações a respeito da cobertura televisiva que nos despertaram grande interesse. As observações abaixo foram, portanto, destacadas com o intuito de promover um entendimento mais amplo sobre a *Expedição Manuelzão Desce o Rio das Velhas* e a visibilidade midiática gerada em sua cobertura televisiva.

a) Tendência à espetacularização

Uma das características que mais notamos em grande parte da cobertura midiática massiva regional foi a presença muito forte de uma tendência à espetacularização. Nesse sentido, é interessante perceber como a mídia de massa pode apresentar dispositivos fundamentais para a formação do espetáculo. Alguns autores, como Gomes (2003) Rubim (2003), Weber (2002) e Meyer (2002), relacionam a própria mídia com uma certa tendência à espetacularização, por seus *modos operatórios* próprios, por sua gramática e lógica de funcionamento (por exemplo, a mídia de massa, para construir suas narrativas noticiosas, é eminentemente embasada na procura pelo extraordinário, pelo maravilhoso, por aquilo que não é natural ou que foge aos padrões aceitos na vida cotidiana). Mas é interessante ressaltar a importância de não se confundir mídia e espetáculo, ou midiatização e espetacularização.

Midiatização e espetacularização são procedimentos diferenciados (GOMES, 2003; RUBIM, 2003; WEBER, 2002): enquanto o primeiro designa a mera veiculação de algo pela mídia, o segundo nomeia o processamento, o enquadramento e a reconfiguração de um evento, forjado pela mídia ou não, através de recursos que possam transformá-lo em espetacular. Assim, mesmo que já haja uma tendência à espetacularização, a mídia pode ser associada a processos de midiatização, em moldes espetaculares ou não. No caso da *Expedição Manuelzão Desce o Rio das Velhas*, é possível dizer que o processo de midiatização apresentou fortes características espetaculares. Isso aconteceu por algumas constatações.

Em primeiro lugar, entendemos que a estrutura narrativa criada em torno da Expedição Manuelzão Desce o Rio das Velhas pelo Projeto Manuelzão foi espetacularizada. Acreditamos que isso gerou um forte estímulo à feição midiática de espetacularizar fatos e notícias. Assim, a idéia de uma grande aventura, constituída por três personagens principais e uma série de coadjuvantes, cheia de desafios e belas paisagens, não foi uma concepção meramente midiática. Isso direcionou o foco de grande parte das matérias para os navegadores e sua aventura ao longo do rio.

Outras motivações também nos levaram a perceber essa tendência à espetacularização. Um fato sempre recorrente é que, pelo menos em grande parte das matérias em que integrantes do Projeto Manuelzão tentavam apresentar argumentos, os agentes da mídia interrompiam o processo argumentativo e voltavam seu interesse para a Expedição, para o caráter de aventura, para os navegadores. Isso foi freqüente em inúmeras ocasiões. A título de exemplo, selecionamos um fato acontecido logo na primeira reportagem, do dia 10 de setembro de 2003, no Jornal Minas 1ª edição, da Rede Minas. Foi uma entrevista em estúdio, realizada com o coordenador do Projeto Manuelzão, Professor Apolo. No início da entrevista, o interesse do jornalista foi a aventura, o extraordinário, o fato de três pessoas descerem o Rio das Velhas. Em seguida, no decorrer da entrevista, o jornalista se interessou por informações específicas sobre a Bacia, e, quando Apolo apresentava essas informações – inclusive para justificar a existência do Projeto Manuelzão e os objetivos da Expedição – o repórter interrompe a fala do professor e volta a se interessar pelo caráter de aventura da Expedição, e tenta trazer a história de vida dos caiaqueiros que realizariam o percurso.

Quando identificamos essa tendência à espetacularização, isso não significa que somente integrantes do Projeto Manuelzão fossem os únicos a evidenciar, propriamente, argumentos sobre a Expedição, quando abordados pelos agentes midiáticos. A própria mídia, em determinadas ocasiões, também tentava mostrar as razões que compunham a Expedição, como vimos anteriormente.

b) Tendência à superficialidade ou ao não-aprofundamento argumentativo

Um dos motivos que traziam uma tendência à superficialidade, ou ao não-aprofundamento argumentativo, relaciona-se com a questão levantada no final do tópico anterior. Já que o espetáculo da Expedição é o que acontecia no grande palco do Rio das Velhas, uma dimensão argumentativa em torno do evento, quando colocada no espaço midiático, tendia a ser periférica, secundária, ou algo que não interessava trazer para a cena.

c) A interpretação da mobilização dada pela mídia

Um fato que nos despertou grande interesse, a partir das matérias selecionadas, relaciona-se ao sentido que a mídia atribuiu à caracterização da mobilização social em torno da causa de revitalização, e em torno da própria Expedição. De tal sorte, notamos que, de maneira geral, o significado de mobilização na mídia de massa televisiva aparecia vinculado com, basicamente, três idéias: *saudação, festa* e *multidão*.

A idéia de *saudação* aparecia quando os navegadores passam pelo Rio e cumprimentam as pessoas que estão próximas à calha. Assim, essa idéia indica que os expedicionários eram os grandes responsáveis por mobilizar as pessoas, meramente a partir de seus cumprimentos e acenos.

A idéia de *festa* aparecia quando os agentes da mídia davam espaço, em suas matérias, para as festas e os eventos, ao longo das cidades da Bacia, organizados pelos moradores para recepcionar a Expedição. Nesse caso, a mídia entendia o processo de mobilização como a dimensão festiva da Expedição.

A idéia de *multidão* aparecia, principalmente quando um grande número de pessoas se amontoava na beira do Rio das Velhas, em algumas cidades da Bacia, para assistir à chegada dos expedicionários à margem do Rio. Aqui, a simples reunião de pessoas numa audiência, para assistir a um "espetáculo", também foi considerada, pela mídia, como mobilização social.

Como vimos no capítulo 1, a mobilização é um processo muito mais amplo do que a acepção que essas três idéias apresentam. O sentido que adotamos neste estudo entende a mobilização social como uma reunião de sujeitos que compartilham sentimentos, conhecimentos e responsabilidades para a transformação de uma dada realidade, movidos por um acordo em relação a uma causa de interesse público. A nosso ver, as idéias de *saudação, festa* e *reunião de pessoas numa multidão* podem, talvez, representar a reunião de sujeitos compartilhando sentimentos, o que não é suficiente para a ocorrência do processo como um todo.

Acreditamos que isso evidencia uma característica fundamental da mídia de massa: criar simplificações a partir de determinados fatos ou conceitos. O perigoso disso tudo é que, ao reduzir um conceito, a mídia acaba por disseminá-lo em um grande número de indivíduos e realidades. Isso pode tender a gerar, para muitas pessoas, um entendimento da mobilização a partir do sentido por ela proposto.

No caso específico da Expedição, por exemplo, pode ficar a impressão de que houve muita "mobilização". Pode ter existido audiência considerável e participação em peso dos sujeitos nas festas e eventos locais – o que já representa, no mínimo, um grande interesse pelo evento. Mas para se considerar que a mobilização foi enorme, são necessários utros elementos de análise para tentar expor, com mais clareza e profundidade, esse processo.

d) Os *releases* e a narrativa midiática da Expedição

É interessante notar como um processo estratégico de comunicação é capaz de construir uma rotina de cobertura com a mídia. No caso da Expedição, é possível observar como os *releases*, enviados às redações e produções jornalísticas, representaram forte influência para os agentes da mídia, na cobertura midiática televisiva da Expedição. Ao examinar, de forma geral, o conteúdo dos releases e compará-los com o conteúdo das matérias jornalísticas, verificamos que muitos enquadramentos sugeridos pelo projeto foram apropriados pelas reportagens.

Um dos fatos que mais nos chamou a atenção foi que a própria ordem em que as emissoras cobriram o evento foi consideravelmente influenciada pela ordem de encaminhamento dos *releases* pela assessoria do Projeto Manuelzão. Isso não significa que a mídia deu o mesmo destaque para todos os *releases*, muito menos que houve um número equilibrado de reportagens para os mesmos. Nesse sentido, por mais que haja um esforço para se penetrar o espaço da mídia de massa, observamos a autonomia midiática, quando ela se apropria de fatos e os caracteriza por meio de sua própria lógica de enquadramento. Na análise quantitativa realizada isso também fica claro, principalmente na apresentação dos gráficos, presente no Anexo. O fato de a mídia ter cedido ao evento amplo espaço no início não garantiu a permanência da Expedição no mesmo nível de cobertura.

Dessa maneira, pudemos observar, nas reportagens, a construção de uma narrativa em torno da *Expedição Manuelzão Desce o Rio das Velhas*, correspondente aos momentos de maior cobertura. Podemos, assim, dividir e caracterizar a cobertura midiática televisiva, basicamente, em três grandes partes ou momentos: "*A partida*", "*O maior desafio*" – ambas na primeira semana do evento – e "*A Chegada*" – na última semana da Expedição.

O jornalismo televisivo constitui-se eminentemente de imagens, e muitas vezes o espaço argumentativo destinado ao tratamento racional de inúmeros temas realmente tende a ser menor, fazendo com que haja pouca densidade argumentativa das questões. Percebemos que, no caso específico da Expedição, os argumentos que mais ganharam destaque foram os de constatação e denúncia. Isso porque podiam ser combinados com imagens: o Rio poluído, esgotos expostos, a poluição, entre outras, podiam ser mostrados pela mídia, por meio da captação de imagens. Os argumentos de recuperação também apareciam, principalmente quando combinados com depoimentos e relatos históricos de moradores ou dos próprios escritos de Burton. Já os argumentos de proposição e soluções não foram contemplados realmente com profundidade analítica: quando apareciam, por exemplo, tratavam mais de soluções e propostas gerais do que de questões mais específicas e rotineiras, capazes de interferir no cotidiano dos sujeitos e convocá-los a debater a temática da revitalização.

Acreditamos que, por uma tendência espetacular do espaço midiático massivo, já discutida anteriormente, os boletins temáticos e outras informações do Projeto Manuelzão, encaminhados juntos com os *releases*, não ganharam tanto destaque. A nosso ver, o próprio caráter "espetacular" dos *releases* e o modo como eram encaminhados – dois a cada semana – foi ao encontro da lógica espetacular dos dispositivos televisivos. Talvez essa seja uma das grandes idéias do Manuelzão para se adentrar o espaço midiático massivo regional, advindas de um trabalho de comunicação estratégica e de relações públicas. Por fim, é preciso considerar que os *releases* não influenciaram totalmente o enquadramento das matérias. Isso porque a mídia de massa possui interesses próprios; nesse caso, o principal deles é relativo à geração de audiência para as emissoras (principalmente para a Rede Globo, que é comercial). Assim, observamos que há sempre uma negociação de sentidos entre o que o projeto gostaria que fosse passado, e aquilo de que a mídia se apropria. Estabelecer um relacionamento estratégico por meio de uma política de Relações Públicas é uma boa tentativa de influenciar as pautas e os próprios agentes midiáticos. Não há garantia de pleno sucesso, mas há um bom investimento. Ao chamar a atenção e tentar despertar o interesse, o Projeto Manuelzão garantiu uma maior permanência da Expedição e de sua causa no espaço midiático, obviamente, arcando com algumas conseqüências, como equívocos na organização de informações, e a baixa tendência de aprofundamento argumentativo de suas principais questões propostas.

e) Equívocos na organização das informações pela mídia

Uma série de apropriações equivocadas da *Expedição Manuelzão Desce o Rio das Velhas* apareceu na cena midiática massiva. Informações erradas, omissões e determinados exageros compuseram o quadro dos equívocos cometidos pelas emissoras de televisão. Assim, pudemos notar que os mecanismos empregados para informação da mídia de massa, muitas vezes foram equivocados.

Na matéria de 12 de setembro de 2003, no Jornal Minas 2ª Edição, da Rede Minas, ao falar sobre a Expedição, diz o repórter: "Serão trinta dias de viagem que começam amanhã, em Ouro Preto, até o objetivo final, que é a **foz do Rio São Francisco**" [*grifos nossos*]. O final da Expedição é a foz do Rio das Velhas, e não do Rio São Francisco. Na reportagem de 11 de outubro de 2003, no MGTV 2ª Edição, da Rede Globo, na chegada dos canoeiros, a repórter comete o mesmo erro: "Na última semana eles navegaram cerca de 180 km, mas a chegada aqui, **à foz do Rio São Francisco**, significa o fim de um percurso de 761 km pelo Rio das Velhas".

Em várias matérias, os navegadores são apresentados como professores da UFMG, por exemplo, em 13 de outubro de 2003, no Bom Dia Minas, da Rede Globo. Esse equívoco foi recorrente em várias outras reportagens, tanto na Rede Minas quanto na Rede Globo. Mas a divulgação feita no Programa Fantástico, da Rede Globo, em 12 de outubro de 2003, além de favorecer uma dupla interpretação, omitiu que a Expedição foi organizada pelo Projeto Manuelzão, atribuindo-a apenas a um grupo de professores da UFMG:

> Os três canoístas mineiros partiram de onde nasce o Rio, na cachoeira das Andorinhas, em Ouro Preto. A viagem foi organizada por um grupo de professores [*imagens dos navegadores*] da Universidade Federal de Minas Gerais, que há anos, tenta revitalizar toda a bacia [...] (Programa Fantástico, Rede Globo, 12 de outubro de 2003) [*grifos nossos*].

Por mais que possam realmente ter ocorrido erros e omissões, acreditamos que nem todos os equívocos aconteceram de maneira espontânea. A nosso ver, a maioria deles foram estratégias espetaculares de apropriação do evento, pela mídia televisiva, de forma a chamar mais a atenção para o evento, e dar um tom ainda mais extraordinário à Expedição.

f) Matérias "ao vivo" *versus* matérias editadas

Ao analisar as matérias, notamos uma grande diferença de abordagem entre matérias e reportagens editadas e matérias feitas "ao vivo". Nas matérias editadas, a seleção dos enfoques e enquadramentos bem como a disposição dos fatos e imagens representavam uma construção eminentemente midiática. Assim, percebe-se que as duas tendências observadas anteriormente aparecem com mais força: os recursos espetaculares são mais ativados, e a dimensão argumentativa tende, em sua maioria, a ser tratada mais superficialmente.

Já as matérias ao vivo, no caso da Expedição, apresentavam uma liberdade "mais ou menos" razoável de interferência do próprio Projeto Manuelzão. Todas as reportagens ao vivo eram compostas de entrevistas ou com os navegadores ou com integrantes e coordenadores do Projeto Manuelzão. É possível notar claramente nas falas do Professor Apolo um esforço em aprofundar a dimensão argumentativa e tratar de assuntos ligados à causa de revitalização do projeto.

Nesse sentido, nas matérias ao vivo, é possível notar que há uma constante negociação entre os agentes da mídia e os integrantes do Projeto Manuelzão (fato que também aparece nas matérias editadas, mas não é tão facilmente perceptível como nas realizadas "ao vivo"). Para a realização da matéria, já existe um determinado tempo, definido anteriormente pela própria direção do telejornal. Mas é possível notar que, quando algum integrante do Manuelzão é convocado a falar, ele tenta ultrapassar um pouco mais o tempo concedido, para aprofundar suas questões. Curiosamente, os repórteres tentam interromper esse aprofundamento, apelando para questões ligadas ao espetáculo da Expedição. Mesmo assim, é possível observar uma densidade argumentativa maior nessas matérias do que nas editadas.

Mídia e Mobilização Social
– um olhar a partir da Expedição

O material utilizado na análise da cobertura televisiva da *Expedição Manuelzão Desce o Rio das Velhas* trouxe, a nosso ver, importantes elucidações a respeito do espaço de visibilidade midiático massivo como um todo. O próprio número de observações e categorias analíticas geradas evidencia quão complexo é o cenário midiático contemporâneo, cheio de tensões, contradições e especificidades.

Na apresentação quantitativa anexa é possível perceber claramente que o maior pico de visibilidade, em que a Expedição ocupou maior tempo no cenário televisivo, foi logo na primeira semana do evento. A nosso ver, isso se deve a alguns motivos: (1) o evento ainda era novidade tanto para os agentes da mídia quanto para o público; (2) na primeira semana, a Expedição estava mais próxima das sedes das redes de televisão massivas (localizadas em Belo Horizonte), o que facilitava o deslocamento por parte das produções jornalísticas; (3) por último, nas primeiras semanas, a Expedição oferecia tanto imagens bonitas, de regiões não-degradadas – como a Cachoeira das Andorinhas, em Outro Preto –, como também as imagens do trecho mais poluído do Rio das Velhas – na região de Sabará. Além disso, os dados quantitativos da cobertura são capazes de revelar os modos de enfoque da mídia, durante a Expedição, seus interesses, mas contradições e sua lógica de funcionamento, baseados, particularmente, na busca pelo noticioso, pelo admirável e pelo novo.

De maneira geral, acreditamos que os expedicionários foram apresentados pela mídia televisiva como grandes heróis, com a nobre missão de revitalizar o Rio das Velhas. Vale notar que heróis podem ser pessoas inalcançáveis e, justamente por isso, é dada somente a eles a capacidade de salvar o rio. Tratando a Expedição dessa maneira, resta ao público somente assistir e aplaudir o bravo feito. Isso, em vez de fortalecer o processo de mobilização e estimular debates, tende a empregá-lo apenas uma de suas dimensões: a espetacular.

Assim, a grande tendência à espetacularização foi, talvez, um dos pontos percebidos com relação ao material analisado – sendo que tal tendência pressupõe que o público seja encarado como uma audiência. Pensando num processo de mobilização social e de debate público, isso pode se tornar, às vezes, um complicador para que esse mesmo público se sinta convocado e se perceba como interlocutor de um debate acerca de uma causa social.

Por mais que houvesse a espetacularização, não observamos nenhuma matéria que tenha tido somente um caráter espetacular. Em maior ou menor grau, todas apresentaram razões para a realização da Expedição. A diferença entre elas era a própria densidade argumentativa presente. Assim, acreditamos que o espetáculo criado foi capaz de "disseminar" a Expedição Manuelzão Desce o Rio das Velhas entre um grande número de pessoas, e, mesmo com uma tendência à superficialidade no tratamento das questões, esse espetáculo fez com que uma dimensão argumentativa pudesse aparecer, embora diante de uma tendência forte à espetacularização.

Isso significa dizer que a cena midiática foi permeada por motivos e razões. Assim, acreditamos que, por mais que o público, a partir de uma dimensão espetacular, fosse o telespectador que fazia parte de uma grande audiência, era também uma espécie de *interlocutor latente*: não havia o propósito claro para o debate e o diálogo; mas a dimensão argumentativa não foi totalmente excluída, formando, inclusive, a base para a construção do espetáculo. Em outras palavras, a dimensão espetacular, na mídia, não exclui totalmente uma dimensão argumentativa. Quando o espetáculo é construído a partir de um processo de mobilização social, é impossível desconsiderar a presença desse *interlocutor*, mesmo que fora da cena, na grande audiência constituída pela mídia.

De tal sorte, há um momento em que o extraordinário vira ordinário; a encenação acaba; a aventura chega ao fim. E, para a ocorrência da mobilização social e do debate público, há uma necessidade de uma base argumentativa. Todavia, a questão principal é a densidade dessa base; e, mais do que isso, a visibilidade dessa densidade. São questões determinantes para a geração da interlocução e para o estímulo a um debate público. Essa densidade é que dá condições de haver um debate rico e plural. O espetáculo, de certa forma, se mostra também como uma tentativa de adesão não-racional à causa. Uma espécie de recurso retórico. Só que, para a proposta de um debate público, isso não seria suficiente.

Por fim, vale notar que ao caracterizarmos a cobertura midiática televisiva da Expedição, muito mais do que somente entender a cobertura desse evento específico, tais considerações podem ser apropriadas para o entendimento de características gerais da própria mídia. O conhecimento dessas características se faz fundamental para se ter uma clareza maior da participação da mídia em processos de mobilização social e de debate público, em relação às mais variadas causas, tematizadas pelos projetos em busca do engajamento coletivo dos sujeitos.

CONCLUSÃO

Em busca de indagações: a mobilização social e a convocação da vontade política em processos deliberativos democráticos

Entre o espetáculo, a festa e a argumentação. Essas três possíveis dimensões da comunicação para mobilização social guiaram as discussões apresentadas neste livro, relacionadas, particularmente, à participação da mídia e da comunicação estratégica em processos vinculados à geração de visibilidade pública. Tal participação orienta-se pela busca do envolvimento coletivo dos sujeitos, a partir de questões apresentadas publicamente por movimentos e projetos de mobilização.

A Expedição Manuelzão Desce o Rio das Velhas foi um instigante objeto de estudos. Como vimos, sua peculiaridade, enquanto ação estratégica de mobilização social, bem como suas estratégias comunicativas e midiáticas para geração de visibilidade, foram empregadas, em última análise, no intuito de endereçar tematizações à esfera pública e mobilizar os habitantes da Bacia do Rio das Velhas para a causa de revitalização proposta pelo Projeto Manuelzão. Assim, compreendemos a Expedição como uma ação de comunicação estratégica que teve um formato "mais ou menos" racional, constituída por três dimensões: **espetacular, festiva** e **argumentativa**. Para cada dimensão encontramos, além de características e atributos específicos, um determinado tipo de relação estabelecida com os públicos, possibilitando, assim, modalidades de participação diferentes para com o evento. Dessa maneira, o nosso principal objetivo, ao reunir as categorias analíticas de espetáculo, festa e argumentação, seria entender o processo de mobilização social estabelecido pela Expedição, bem como qualificar a visibilidade alcançada nos diversos espaços em que ela esteve presente, com um destaque maior para o espaço de visibilidade midiático massivo.

Acreditamos que as categorias analíticas propostas nos deram condições para entender *a mobilização social como um processo estabelecido por meio de relações geradas por estratégias comunicativas, configurando, entre os sujeitos, modalidades de participação diferentes*. Assim, se a estratégia tende a possuir um caráter mais espetacular, o público, como audiência, participará por contemplação; se tende a possuir um caráter festivo, o público, como participante, se envolverá por sociabilidade; e se a estratégia é constituída por uma dimensão argumentativa, o público, como interlocutor, é convocado a participar de um diálogo. Nesse sentido, notamos que, quando se diz que um público "está mobilizado por uma causa", a relação estabelecida com a causa pode ser baseada tanto em contemplação, quanto em sociabilidade ou em diálogo.

Entretanto, como tratamos de um processo de mobilização em torno de uma causa de interesse público, *é imprescindível que os sujeitos participem como interlocutores, num processo de debate*. Não seria suficiente, portanto, dizer que os indivíduos estão mobilizados quando "contemplam" ou "festejam". *É fundamental que haja possibilidade de interlocução.* Assim, quando se fala em qualificar um processo de mobilização social, a questão principal que julgamos estar envolvida se relaciona não à **quantidade de pessoas** mas às **modalidades de participação e interação que são instituídas**[44].

---

[44] Como apresentado no capítulo 5, notamos, especialmente no discurso midiático massivo, que o critério para se avaliar a mobilização das pessoas para com o evento foi, na quase totalidade das vezes, a quantidade de

Dessa maneira, para que realmente um debate público acontecesse durante a Expedição, seria de se esperar que uma determinada *densidade argumentativa* estivesse presente e visível, de forma a expor as razões do Projeto Manuelzão e tender a promover um debate mais rico, buscando a posição de diversos atores. Contudo, é possível afirmar que a Expedição não se apresenta num momento específico de debate público, como um evento concebido para responder a uma controvérsia; ao contrário, a nosso ver, a Expedição encontrou-se num momento de "chamar a atenção para uma causa" e despertar o interesse dos sujeitos, de forma a ativar uma determinada esfera pública – tanto para "esquentar" um processo de debate público possivelmente já acontecido, quanto para estimular um processo de debate posterior. O espetáculo e a festa tendiam a sobressair a momentos argumentativos, formais ou informais. Por isso, notamos que, durante a realização de ações com características semelhantes às da Expedição, é muito difícil que, no processo em si haja espaço ou mesmo disposição para o diálogo.

Foi assim que pudemos constatar que, no caso específico da Expedição, a dimensão argumentativa, diante do material analisado, não ganhou o maior destaque. A nosso ver, a própria constituição do evento fez com que sua dimensão espetacular ganhasse um considerável contorno e relevância, de maneira geral. Isso se evidenciou tanto pelo próprio caráter espetacular do evento, quanto pela apropriação e ampla divulgação oferecida em espaços de visibilidade midiáticos massivos. Destarte, é importante relembrar que, neste trabalho, não consideramos alienadora a relação estabelecida pelo espetáculo. Nesse sentido, é importante deixarmos claro que, quando tratamos de um caráter espetacular da Expedição, não estamos relacionando esse caráter a um processo meramente

---

pessoas presentes no espaço presencial ou que tiveram acesso a algum outro espaço de visibilidade que retratou a Expedição. Diante do modelo de análise da pesquisa, entender e qualificar um processo de mobilização social apenas por um critério quantitativo seria, portanto, um equívoco.

despolitizador. Além do mais, como também já exposto nos capítulos anteriores, notamos que, por mais que a Expedição tivesse dimensões festivas e espetaculares, a dimensão argumentativa, relativa à temática da revitalização, representou a "razão de ser" e o "elemento de motivação fundamental", tanto da temática das festas quanto do próprio espetáculo. Assim, foi possível perceber que a presença de uma dimensão não é capaz de excluir totalmente as outras, mesmo que, em alguns momentos, tivesse havido a predominância de uma ou duas dimensões.

Por outro lado, notamos, de maneira geral, que o próprio evento não manteve muitos espaços para a predominância de uma dimensão argumentativa. E isso nos leva a indicar que as ações de mobilização social do Projeto Manuelzão – como de projetos de mobilização em geral – não podem se esgotar unicamente em formatos como o da Expedição. Para estimular um debate mais denso, seria fundamental a geração de maior visibilidade aos argumentos do projeto. Isso porque mesmo que a festa e o espetáculo representem, de uma forma mais ampla, uma espécie de recurso retórico, utilizado também para convencer, é fundamental que, racionalmente, os sujeitos possam formular proferimentos justificáveis publicamente[45]. Em outras palavras, julgamos tão importante a presença de argumentos que, se não há oportunidade de o habitante sair da condição de audiência ou participante, para atuar como interlocutor, poderá não acontecer um debate consistente, por mais que a temática alcance um grande número de pessoas.

Assim, acreditamos que o planejamento da comunicação tenha um papel fundamental no processo de mobilização,

---

[45] Quanto a isso, é preciso lembrar que a *Expedição Manuelzão Desce o Rio das Velhas* não foi a ação inaugural do Projeto Manuelzão, e que, possivelmente em ações anteriores, possa ter havido a predominância de uma dimensão argumentativa em relação às outras. Além disso, o projeto possui instrumentos, como o "Jornal Manuelzão", utilizado, entre outros fins, para repassar aos públicos os principais argumentos e reportagens ligadas à temática da revitalização.

principalmente no sentido de tentar contemplar as três dimensões, nas mais variadas ações, tanto para gerar a amplitude das questões, quanto para formular argumentos que estimulem uma situação de debate. Imaginemos, por exemplo, se uma ação estratégica de mobilização privilegiar somente uma das dimensões analíticas. A título de exemplo, se apresentar somente uma dimensão espetacular, o espetáculo pode vir a ganhar autonomia, e o vínculo dos sujeitos pode se esgotar na contemplação; se apresentar somente uma dimensão festiva, como já foi dito, a festa é "fim nela mesma"; assim, a causa e os argumentos podem se perder no meio do processo, e a mobilização pode terminar e ser entendida como um momento festivo apenas; se apresentar somente uma dimensão argumentativa, o processo de mobilização pode ser extremamente racionalizado, tendendo a diminuir os vínculos sociais, do "estar-junto", de sociabilidade; as ações tendem a ficar comuns, corriqueiras, e, no processo, nada passa a ser extraordinário ou capaz de capturar a atenção dos sujeitos, perdendo em visibilidade.

De qualquer forma, acreditamos que mesmo não apresentando uma dimensão argumentativa considerável, a *Expedição Manuelzão Desce o Rio das Velhas* cumpriu o papel fundamental de dar ressonância a uma causa na esfera pública. Isso porque, como vimos, quando uma ação ganha existência pública e amplitude considerável, ela pode despertar a atenção de inúmeros sujeitos e ganhar acesso a várias esferas da sociedade – família, escola, instituições públicas ou privadas, mídias em geral – podendo gerar debates e diversas apropriações da causa. Assim, pode ser que, por meio de processos comunicativos instaurados pela Expedição, inúmeras esferas públicas, por ressonância, possam ter se formado. Entretanto, pela tendência a uma densidade argumentativa menor e pelas fortes características festivas e espetaculares, verificadas no material analisado, acreditamos que, no caso da Expedição, tenham existido mais esferas públicas abstratas e episódicas do que esferas de presença organizada, uma vez que não foi detectado um debate acerca de uma controvérsia em que atores se posicionassem, ou mesmo um processo formal de deliberação pública[46].

Nesse sentido, cabe-nos evidenciar que uma dimensão argumentativa é extremamente necessária para a geração de um debate e a mobilização dos indivíduos. Principalmente em situações de ampla visibilidade, em que há uma tendência à ressonância da causa, esses momentos devem ser aproveitados para a disponibilização tanto de argumentos quanto de informações qualificadas. Isso porque a ressonância da ação de mobilização pode estimular controvérsias e debates, e atingir esferas tanto políticas formais, quanto informais e cotidianas.

Assim, num âmbito político-legal, entendemos que a tentativa de projetos de mobilização social, ao estruturar os mais variados tipos de ações coletivas, é promover um debate na esfera pública, para que possam ser criados fluxos comunicativos que consigam chegar até as instâncias formais de deliberação. Assim, caracterizamos o **processo argumentativo** voltado a um âmbito político-legal por meio de um processo gerado por **racionalidade argumentativa** e **pressão da opinião pública**.

Num âmbito de relações cotidianas, entendemos que a tentativa dos projetos é voltar a argumentação, na esfera pública, ao cotidiano dos sujeitos, à rotina, ao nível cultural de relação com os valores e significados que necessitam de (re)definições. Assim, entendemos que o processo argumentativo volta-se a discutir questões situadas no mundo da vida, como escolas, família, instituições e associações em geral, religiões. A idéia é que os sujeitos, convencidos de que precisam mudar suas posturas, valores e comportamentos, possam alterar seu cotidiano.

Enfim, para que a mudança nesse âmbito aconteça, não bastam somente argumentos para convencer os sujeitos. É

---

[46] No capítulo 1 apresentamos as considerações de HABERMAS (1997) a respeito das esferas públicas episódicas, abstratas e de presença organizada.

importante que cada um saiba o que pode fazer dentro de suas possibilidades, numa dimensão prática, cotidiana. Assim, caracterizamos o **processo argumentativo** voltado a um âmbito de relações cotidianas por meio de um processo gerado por **racionalidade argumentativa e informação qualificada**.

Como notamos, no caso da Expedição, a visibilidade gerada e o nível argumentativo presente foi relativamente frágil e superficial. Contudo, apresentou desdobramentos num âmbito político-legal, suficientes para estimular a incorporação de uma meta pelo Governo do Estado de Minas Gerais, a Meta 2010. A presença da "Carta da Expedição", que continha descrição de trechos mais poluídos e solicitação de providências urgentes, foi fundamental para deflagrar esse processo. Entretanto, observamos que o estímulo a uma mudança num âmbito cotidiano, principalmente voltada para instituições e sujeitos que habitam a Bacia do Rio das Velhas, não se mostrou expressivo durante a Expedição. Isso se deve, a nosso ver, à falta de informações qualificadas durante a Expedição, bem como à inexistência de formatos que possibilitassem o diálogo e o debate público acerca da temática da revitalização.

Mesmo que a argumentação não tenha ganhado densidade e amplitudes suficientes para gerar um processo satisfatório de interlocução, como já apresentamos anteriormente, notamos que havia razões que sustentavam e embasavam o espetáculo e a festa.Todavia, após a Expedição, seria necessário fazer com que os sujeitos fossem acionados de outras maneiras, ganhando, por exemplo, possibilidades de participar de momentos argumentativos discursivos, de forma a eliminar o risco de a temática da revitalização ser tratada somente por uma dimensão espetacular e/ou festiva. A partir disso, é possível notar que, numa análise mais ampla, *a relação entre visibilidade e argumentação, na esfera pública, tende a representar uma constante tensão entre dispositivos e recursos espetaculares ou festivos e mecanismos argumentativos para estímulo a um debate público.*

De qualquer maneira, a Expedição Manuelzão Desce o Rio das Velhas pode ter sido uma importante ação no sentido de conferir legitimidade pública ao Projeto Manuelzão. Notamos que o Manuelzão, por meio da Expedição, pode vir a ser um projeto que tenha legitimidade na sociedade e entendemos que a visibilidade é o primeiro passo para que isso ocorre. Entretanto, como já apontamos anteriormente, a visibilidade não é garantia da geração da legitimidade. Acreditamos que, para que a legitimidade seja alcançada, entre inúmeras possibilidades, seria fundamental que o Projeto Manuelzão não negligenciasse o diálogo como uma importante modalidade de participação.

Dessa forma, entendemos que, por mais que estratégias comunicativas sejam fundamentais a projetos de mobilização social, num processo de debate público elas apresentam limites. Nesse sentido, a estratégia pode ser entendida como fundamental para organizar e apontar referências para a construção da "conversação", mas nunca pode substituir a ação mesma dos sujeitos. A controvérsia pública e a existência de inúmeros atores que adentram a cena pública, nas democracias deliberativas, apontam para a necessidade da construção de argumentos e de um processo de convencimento instaurado pelos projetos de mobilização – fato que vai além da ação estratégica e é definido na esfera pública conforme aponta Habermas (1997). A estratégia pode ser fundamental, mas possui limitações que esbarram em processos muito mais amplos, que fogem ao raio de seu controle. O processo de debate e deliberação públicos, por exemplo, em que atores acionam determinados argumentos e buscam o agir orientado pelo entendimento mútuo, vai além da estratégia e precisa ser perseguido, muitas vezes, por um longo período de tempo para trazer resultados eficazes.

Nesse sentido, é possível levantar algumas indagações, relacionadas, especificamente, ao campo problemático de conhecimentos, apresentado no primeiro capítulo deste livro: a inter-relação entre o debate público, a mobilização social e processos democráticos deliberativos mais amplos. De maneira mais específica, é possível questionar: em que medida as dimensões ora propostas podem se inserir em tais processos, atuando na convocação da vontade política dos cidadãos, frente a tematizações públicas apresentadas no seio de uma sociedade democrática?

Para nos aventurarmos a tocar nesse terreno – obviamente sem a pretensão de encontrar caminhos absolutos ou mesmo de esgotar a temática – buscamos, de início, a perspectiva da "política dual" apresentada por Held (1987), ao discutir sobre "o que a democracia deveria significar hoje". No final de sua obra "Modelos de Democracia", ao levantar questionamentos acerca das articulações entre Estado e sociedade civil, e dos desafios impostos à democracia nas sociedades contemporâneas, o autor discute que, por meio de uma "política dual", orientada por um processo complementar entre Estado e instituições civis, o Estado, através de suas atribuições normativas, seria capaz de institucionalizar direitos problematizados e advindos da sociedade civil, de maneira a garantir democraticamente liberdades individuais e sociais.

Caminhando pela proposta de Held (1987), é possível entender que uma sociedade se faz democrática pela capacidade da sociedade civil de tematizar e expor publicamente conflitos para que, por meio da negociação pública de normas e padrões, o Estado chegue a princípios normativos construídos coletivamente. Em tal modelo, as experiências dos indivíduos, assim tematizadas e expostas, seriam capazes de definir um sistema coletivo de regulamentação, e os direitos – como conquistas e não concessões – também seriam orientados a partir dessa capacidade civil. Sob esse prisma, Habermas (1997, p. 58) aponta que o poder de influência dos cidadãos num Estado de Direito depende principalmente da capacidade da sociedade civil em "desenvolver impulsos vitais através de esferas públicas autônomas e capazes de ressonância, as quais podem introduzir no sistema político conflitos existentes na periferia". Nesse sentido, por meio de um exercício comum das liberdades comunicativas dos cidadãos, "o direito extrai sua força integradora, em última instância, de fontes de solidariedade social (HABERMAS, 1997, p. 62)".

Destarte, os processos políticos e a participação na vida pública, nas democracias contemporâneas, de maneira alguma se restringem aos momentos eleitorais e decisórios, mas à própria capacidade de organização coletiva dos sujeitos. Tais sujeitos, imbuídos de vontade política, devem ser capazes de, quando for necessário, problematizar uma determinada realidade, a partir de suas vivências, publicizando conflitos e questões controversas, no intuito de chegar a regulamentações – estas últimas garantidas, portanto, pelo Estado.

É de tal sorte que a concepção de uma política dual apresentada por Held (1987) dialoga com as perspectivas desenvolvidas por Habermas (1997) e por Bohmam (2000), apresentadas no capítulo 1. A esfera pública, como um *locus* privilegiado da argumentação, em que múltiplos sujeitos agem comunicativamente a partir de um procedimento ideal de discurso (HABERMAS, 1997) e de processos de diálogo (BOHMAM, 2000), apresenta-se como uma esfera de problematização e de legitimação fundamental ao processo democrático. Tal processo, formulado conceitualmente como "democracia deliberativa" ou "deliberação pública", representa, portanto, uma possibilidade de desenho democrático nas sociedades complexas contemporâneas, fundamentado essencialmente numa complementaridade entre Estado e sociedade civil.

Dessa maneira, é possível inferir que a mobilização social se insere particularmente na convocação da vontade política dos sujeitos, em direção aos processos deliberativos. Como vimos, a busca pela participação dos sujeitos em debates públicos interliga-se com um *esforço convocatório*, no sentido de chamar os cidadãos para atuar em deliberações públicas. Isso porque a participação na vida pública não se configura, por si só, como um procedimento natural mas depende, sobretudo, de aprendizado, partilha intersubjetiva, interação, vontade. E seria dessa forma que a mobilização social, como um processo comunicativo de convocação de vontades, mostra-se necessária à democracia, especialmente no cumprimento de um papel essencial: buscar estabelecer vínculos civis e sociais entre os cidadãos, de modo a torná-los participantes ativos num processo de deliberação e debate públicos. E, como vimos no capítulo 1, é válido lembrar que o processo mobilizador não exclui a existência do embate entre diversas posições e entendimentos, uma vez que o conflito e as contradições são inerentes ao próprio processo. Mobilizar sujeitos se mostra necessário justamente porque existem determinados sentidos coletivos naturalizados, que, a partir de tematizações públicas, podem ser questionados, problematizados e renegociados.

Assim, é possível considerar que a mobilização social cumpre, nas democracias deliberativas, um importante papel na geração de *potência cívica*. A *potência cívica* pode ser entendida como a força e o poder de problematização da sociedade civil, no sentido de: (1) ser capaz de colocar, publicamente, questões que afetam a todos, e (2) ser potente, no sentido de influir tanto em regulamentações normativas (como nas esferas legais do sistema político), quanto em normas e valores cultuais (como nas esferas cotidianas de negociação de entendimentos). Assim, a *potência cívica* teria uma ligação direta com uma capacidade associativa dos sujeitos – advinda de suas vontades – bem como com uma capacidade de dar visibilidade a argumentos, de forma a estimular debates e a deliberações, na esfera pública.

A noção de potência cívica também pode ser entendida por meio do conceito de *empowerment*. Tal conceito, compreendido preliminarmente como "empregar poder", possui, de acordo com Sacavino (2000), duas dimensões básicas: uma pessoal e outra social. A dimensão pessoal do *empowerment* se relaciona com a integração de aspectos cognitivos do sujeito, bem como de sua criatividade, auto-estima e confiança, em suas próprias possibilidades. Um indivíduo seguro, com auto-estima e confiante seria, portanto, um indivíduo que "amealhou poder". Já a dimensão social do termo articula-se com a capacidade dos sujeitos isolados de se organizar coletivamente (força coletiva). Tal processo estaria também diretamente relacionado a certa capacidade comunicativa, tanto individual quanto social, que deve encontrar, no local e no contexto das interações, o espaço apropriado para que seja potencializada e fortalecida.

Ora, se tal potência cívica mostra-se fundamental ao processo de deliberação pública, como a mobilização social, orientada não somente pela formulação de argumentos inteligíveis, como também por recursos espetaculares e festivos, pode convocar a participação política dos sujeitos nos processos democráticos? Ou, dito de outra maneira, será que o uso da festa e do espetáculo não colocaria em risco a possibilidade mesma de debate e deliberação?

Esse é o nosso ponto fundamental. Recuperando as considerações de Habermas (1997) sobre o debate público, refletimos como a formulação de argumentos inteligíveis postos em circulação e disponibilizados aos sujeitos mostra-se essencial no estímulo a um debate amplo e plural. Entretanto, para Habermas (1997, p. 94), isso não é suficiente para deflagrar um processo de formação de vontade política. O autor apresenta que as tomadas de posição dos sujeitos somente se formam como resultado de uma controvérsia **"mais ou menos" ampla**, que é capaz de suscitar uma elaboração de forma **"mais ou menos" racional**. Com relação ao primeiro termo, verificamos que a possibilidade de debate vincula-se à amplitude da controvérsia, em diversas esferas da vida social. É assim que a geração da visibilidade mostra-se fundamental ao debate e pode ser obtida por meio dos recursos da mídia e da comunicação estratégica – obviamente carregando os limites e as possibilidades de tais recursos. Já com relação ao segundo termo proposto pelo autor, relativo à existência de uma elaboração **"mais ou menos" racional** provocada pela controvérsia, refletimos, durante o trabalho, a respeito do nível de racionalidade necessário para que temas sejam incluídos e debatidos na esfera pública.

Tomando a teoria do agir comunicativo, entendemos o quanto é importante que os sujeitos possam fornecer argumentos, elaborados de forma racional, para que iniciem debates públicos e convoquem outros sujeitos a se posicionar. É a partir desse processo que, após o debate, há possibilidade de se chegar a um ganho qualitativo no nível da opinião pública sobre a temática envolvida. Mas desejar que as controvérsias públicas e os debates surjam somente a partir de procedimentos extremamente racionalizados é ignorar que assuntos chegam à esfera pública a partir de outras motivações, para que, num segundo momento, possam estimular debates por meio de argumentos racionais que sejam capazes de sustentar suas propostas. Assim, como colocado pelo autor, a controvérsia é gerada não por um processo *unicamente* racional, mas *"mais ou menos"* racional. Com isso, é possível entender por que apelos emotivos, ações espetaculares e festivas, quando combinadas com o fornecimento de argumentos racionais, facilitam o ingresso de temas na esfera pública. Pode-se, assim, gerar controvérsias e mobilizar sujeitos para se posicionarem em relação a suas propostas.

Foi assim que, durante todo o trabalho, partimos do entendimento de que, para o estímulo a um processo de debate na esfera pública, é fundamental que argumentos, formulados racionalmente, possam ser encaminhados aos sujeitos. Entretanto, algumas vezes, o debate racional é insuficiente para despertar o interesse dos indivíduos por determinadas políticas ou para promover engajamento em prol de certas causas. Seria movido por esse aspecto que o processo de mobilização social não se orienta apenas pela formulação de estratégias baseadas numa dimensão argumentativa; as dimensões de espetáculo e festa mostram-se como aspectos relevantes e fundamentais para convocar os sujeitos e despertar suas vontades políticas. Obviamente, nosso objetivo foi apresentar um olhar mais cuidadoso sobre tais dimensões, no intuito de entender suas atribuições e aspectos específicos, para tentar compreender seus limites e suas possibilidades em processos de mobilização social nas democracias contemporâneas. Certamente seria frágil o desejo de terminar aqui uma discussão complexa sobre a relação entre mobilização social – e suas dimensões de espetáculo, festa e argumentação – e deliberação pública, ainda mais quando também nos deparamos com algumas limitações investigativas e determinadas opções metodológicas e teóricas que acabam sendo, em alguma medida, excludentes. Assim, nosso objetivo primordial foi trazer tais questões para reflexão, no sentido de sintetizar os caminhos pelos quais optamos e estimular estudos e debates sobre este tema, utilizando a *Expedição Manuelzão Desce o Rio das Velhas* para alargar o horizonte teórico ora proposto.

REFERÊNCIAS

ALEXANDER, Jeffrey. Ação coletiva, cultura e sociedade civil: secularização, revisão e deslocamento do modelo clássico dos movimentos sociais. In: *Revista Brasileira de Ciências Sociais*, v. 13, n. 37. p. 5-31.

AMARAL, Rita. *Festa à brasileira – sentidos do festejar no país que "não é sério"*. São Paulo, USP [tese de doutorado], 1998.

ANDRADE, Cândido Teobaldo de Sousa. *Curso de Relações Públicas*. São Paulo: Atlas, 1973.

ANDRADE, Candido Teobaldo de Souza. *Psico-sociologia das relações públicas*. Petrópolis: Vozes, 1975.

ARENDT, H. *A dignidade da política*. Rio de Janeiro: Relume Dumará, 1993.

AVRITZER, L. *Teoria democrática e deliberação pública*. Belo Horizonte: Lua Nova, n. 50, 2000. p. 25-46.

BAUMAN, Zygmunt. *Comunidade. A busca por segurança no mundo atual*. Rio de Janeiro: Zahar, 2003. 141p.

BOHMAN, James. *Public deliberation: pluralism, complexity and democracy*. Cambridge: MIT Press, 2000.

BRAGA, Clara. S.; HENRIQUES, Márcio Simeone.; MAFRA, Rennan Lanna M. O planejamento da comunicação para a mobilização social: em busca da co-responsabilidade. In: HENRIQUES, M. S. (Org) *Comunicação e estratégias de mobilização social*. Belo Horizonte: Autêntica, 2004.

BRAGA, José Luiz. Constituição do Campo da Comunicação. In: NETO, Antonio Fausto; PRADO, José Luiz Aidar; PORTO, Sérgio Dayrrel

(Orgs.). *Campo da comunicação – caracterização, problematizações e perspectivas*. João Pessoa: Editora Universitária/UFPB, 2001. p.11-39.

BRAGA, José Luiz; CALAZANS, Maria Regina Z. *Comunicação e educação: questões delicadas na interface*. São Paulo: Hacker, 2001.

BRETON, Philippe. *A argumentação na comunicação*. Bauru/SP: Edusc, s.d.

BURTON, Richard. *Viagem de canoa de Sabará ao oceano atlântico*. Belo Horizonte/São Paulo: Itatiaia/Editora da USP, 1977.

Campanha de Comunicação para a "Expedição Manuelzão Desce o Rio das Velhas". Belo Horizonte, junho de 2003. (mimeo).

CASTRO, M.C.P.S. *Na tessitura da cena, a vida – comunicação, sociabilidade e política*. Belo Horizonte: Editora UFMG, 1997.

CHAVES, Christine de A. *A marcha nacional dos sem-terra – Um estudo sobre a fabricação do social*. Rio de Janeiro: Relume-Dumará, 2000.

CHAVES, Christine de A. *Festas da política – Uma etnografia da modernidade no sertão (Buritis-MG)*. Rio de Janeiro: Relume-Dumará, 2003.

COHEN, J. Deliberation and democractic legitimacy. In: BOHMAN, J.; REIGH, W. (Orgs). *Deliberative democracy*. Cambridge-Mass: MIT Press, 1997. p. 67-91.

COMTE, Fernand. *Os heróis míticos e o homem de hoje*. São Paulo: Loyola, 1994.

COSTA, S. Movimentos Sociais, democratização e a construção de esferas públicas locais. *Revista Brasileira de Ciências Sociais*, n. 35, 1997.

DEBORD, Guy. *A sociedade do espetáculo*. Rio de Janeiro: Contraponto, 1997.

DOCUMENTO BASE PARA A CONSTITUIÇÃO E FUNCIONAMENTO DOS COMITÊS MANUELZÃO. Projeto Manuelzão, 2001. Folheto.

DURKHEIM, Emile. *As formas elementares da vida religiosa: o sistema totêmico na Austrália*. São Paulo: Martins Fontes, 1996.

Expedição Manuelzão Desce o Velhas 2003. Belo Horizonte, março de 2003. (*mimeo*)

FERNANDES, Adélia Barroso. *Papel reflexivo da mídia na construção da cidadania. O caso do movimento antimanicomial – 1987 a 1997*. Dissertação de mestrado. Belo Horizonte: UFMG, 1999.

FRANÇA, Vera R. V. Paradigmas da comunicação: conhecer o quê? In: MOTTA, L.G.; WEBER, M. H.; FRANÇA,V.; PAIVA, R. (Org). *Estratégias e culturas da comunicação*. Brasília: Ed. UnB, 2002. cap. 1, p. 13-29.

FRANCO, Augusto de. *Ação local – a nova política da contemporaneidade*. Brasília / Rio de Janeiro: Ágora / Fase, 1995.

FREIRE, Paulo. *Extensão ou comunicação?* Rio de Janeiro: Paz e Terra, 1982.

GHANEM, Salma I.; MCCOMBS, Maxwell. The Convergence of Agenda Setting and Framing. In: RESSE, Stephen D.; GANDY JR., Oscar H.; GRANT, August E. *Framing public life – Perspectives on media and our understanding of the social world*. Mahwah / New Jersey / London: Lawrence Erlbaum Associates, Publishers, 2001. p. 67-81.

GOMES, Wilson. A transformação da política. In: *A transformação da política*. Salvador: (mimeo), 2002.

GOMES, W. Esfera Pública política e media II. In: RUBIM, A.A.C., BENTZ, I.M.G.; PINTO. M.T. (Orgs). *Práticas discursivas na cultura contemporânea*. São Leopoldo: Unisi nos, Compós, 1999.

Guia da Expedição Manuelzão Desce o Rio das Velhas. Belo Horizonte: Projeto Manuelzão, setembro de 2003.

GUIMARÃES ROSA, João. *Manuelzão e Miguilim*. Rio de Janeiro: Nova Fronteira, 1984.

HABERMAS, J. *Mudança estrutural da esfera pública*. Rio de Janeiro: Tempo Brasileiro, 1984.

HABERMAS, J. O direito como categoria da mediação social entre a facticidade e a validade. In: _____. *Direito e democracia: entre faticidade e validade*. Rio de Janeiro:Tempo Brasileiro, 1997.

HABERMAS, J. O papel da sociedade civil e da esfera pública política. In: _____. *Direito e democracia: entre faticidade e validade*. Rio de Janeiro: Tempo Brasileiro, 1997. p. 57-123.

HABERMAS, J. Política deliberativa: um conceito procedimental de democracia. In: ____. *Direito e democracia: entre faticidade e validade*. Rio de Janeiro: Tempo Brasileiro, 1997. p. 9-56.

HANKE, Mike. A noção de sociabilidade: origens e atualidade. In: FRANÇA, V.; WEBER, M.H.; PAIVA, R.; SOVIK, L. (Orgs.). *Livro do XI Compós 2002: estudos de comunicação, ensaios de complexidade 2*. Porto Alegre: Sulina, 2003.

HELD, David. *Modelos de democracia*. Belo Horizonte: Paideia, c1987. 297p.

HENRIQUES, M. S. (Org) *Comunicação e estratégias de mobilização social*. Belo Horizonte: Autêntica, 2004.

HOHLFELDT, Antonio. Hipótese contemporâneas de pesquisa em comunicação. In: HOHLFELDT, Antonio; MARTINO, Luiz C.; FRANÇA, Vera V. *Teorias da comunicação: conceitos, escolas e tendências*. Petrópolis/RJ: Vozes, 2001. p. 187-240.

ISAMBERT, François. Fête. *Encyclopaedia Universalis*. Paris: Encyclopaedia Universalis France, 1968. *apud* PEREZ, Lea Freitas. Antropologia das efervescências coletivas – Dionísio nos trópicos: festa religiosa e barroquização do mundo – Por uma antropologia das efervescências coletivas. In: *A festa na vida – significados e imagens*. Petrópolis/RJ: Vozes, 2002. p. 15-58.

KERTZER, David I. *Ritual, politics and power*. London: Yale University Press, 1998.

KUNSCH, Margarida. M. K. *Planejamento de relações públicas na comunicação integrada*. São Paulo: Summus Editorial, 2003.

MAFRA, Rennan L. M. *Mobilização social no campo da comunicação: por uma perspectiva relacional*. Belo Horizonte, 2004. [mimeo].

MAFRA, Rennan L. M.; BRAGA, Clara Soares; SILVA, Daniela Brandão do C. e. Fatores de identificação em projetos de mobilização social. In: HENRIQUES, M. S. (Org.) *Comunicação e estratégias de mobilização social*. Belo Horizonte: Autêntica, 2004.

MAFRA, Rennan L. M. O Projeto Manuelzão e a Expedição Manuelzão desce o Rio das Velhas. In: HENRIQUES, M. S. & WERNECK, M. D. (Orgs.). *Visões de futuro: responsabilidade compartilhada e Mobilização Social*. Belo Horizonte: Autêntica, 2005, p. 101-137.

MAIA, Rousiley C. M.; FERNANDES, A. B. O movimento antimanicomial como agente discursivo na esfera pública política. *Revista Brasileira de Ciências Sociais* - Anpocs n. 48, 2002. p. 157-172.

MAIA, Rousiley C. M. Sociabilidade: apenas um conceito? In: *GERAES – Estudos em Comunicação e Sociabilidade*. Belo Horizonte: UFMG, 2002. p. 4-15.

MAIA, Rousiley C. M. Dos dilemas da visibilidade mediática para a deliberação pública. In: LEMOS, André et al. (Org.). *Mídia.br*. Porto Alegre: Sulina, 2004. p. 9-38.

MAIA, Rousiley C. M. *Mídia, esfera pública e identidades coletivas*. Belo Horizonte: UFMG, 2006.

MAIA, Rousiley C. M. *Democracia e mídia: dimensões da deliberação*. São Paulo: Brasiliense, (no prelo).

MEYER, Thomas. *Media democracy: how the media colonize politics*. Cambridge: Polity Press, 2002.

PEIRANO, Mariza. *Rituais ontem e hoje*. Rio de Janeiro: Zahar, 2003.

PEREZ, Lea Freitas. Antropologia das efervescências coletivas – Dionísio nos trópicos: festa religiosa e barroquização do mundo – Por uma antropologia das efervescências coletivas. In: *A festa na vida – significados e imagens*. Petrópolis/RJ: Vozes, 2002. p.15-58.

PERUZZO, Cicília Maria Krohling. *Comunicação nos movimentos populares*. Petrópolis: Vozes, 1998.

PERUZZO, Cicília Maria Krohling. Relações Públicas, movimentos populares e transformação social. São Paulo: *Revista Brasileira de Comunicação*, v. XVI, n. 2, 1993. p. 125-133.

REESE, Stephen D. Prologue – Framing Public Life: A Bridging Model For Media Research. In: RESSE, Stephen D.; GANDY JR., Oscar H.; GRANT, August E. *Framing Public Life – Perspectives on Media and Our Understanding of the Social World*. Mahwah / New Jersey / London: Lawrence Erlbaum Associates, Publishers, 2001. p. 7-29.

RUBIM, A.A.C. Espetáculo, política e mídia. In: FRANÇA, V.; WEBER, M.H.; PAIVA, R.; SOVIK, L. (Orgs.) *Livro do XI Compós 2002: estudos de comunicação, ensaios de complexidade 2*. Porto Alegre: Sulina, 2003.

SACAVINO, Susana. Educação em direitos humanos e democracia. In: SACAVINO, S.; CANDAU, V. M. *Educar em direitos humanos – construir democracia*. Rio de Janeiro: DP&A, 2000.

SCHWARTZENBERG, Roger-Gérard. *O estado espetáculo*. Rio de Janeiro/São Paulo: Difel, 1978.

SIMMEL, G. Sociabilidade – um exemplo de sociologia pura ou formal. In: FILHO, E. M. (Org.). *Sociologia*. São Paulo: Ática, 1983.

SIMÕES, Roberto Porto. *Relações públicas: função política*. São Paulo: Summus, 1995.

TELLES, Vera da S. *Direitos sociais – afinal do que se trata?* Belo Horizonte: Ed. UFMG, 1999.

THOMPSON, John B. *A mídia e a modernidade*. São Paulo: Vozes, 1998.

TORO, J.B.; WERNECK, Nísia M. *Mobilização social: um modo de construir a democracia e a participação*. Belo Horizonte: Autêntica, 2004.

WEBER, Maria Helena. *Comunicação e espetáculos da política*. Porto Alegre: Ed. Universidade/UFRGS, 2000.

WEBER, Maria Helena. *Visibilidade e Credibilidade: tensões da comunicação pública*. Colóquio Internacional Mídia, Identidades Coletivas e Espaço Público: Perspectivas interdisciplinares. Belo Horizonte/MG, set./2003. [*mimeo*].

<http://www.igam.mg.gov.br/>. Acesso em: 6 dez./ 2004.

<http://manuelzao.ufmg.br/expedicao/>.Acesso em: 6 dez./ 2004.

<http://www.medicina.ufmg.br/dmps/internato/>. Acesso em: 8 mar./2005.

ANEXO

Características Gerais da cobertura televisiva da expedição nas emissoras de sinal aberto

a) Características gerais da cobertura da expedição nas emissoras de sinal aberto

Apresentamos o quadro das características gerais da cobertura da Expedição, no qual estão compiladas informações de todas as emissoras que veicularam matérias sobre o evento:

QUADRO 2
Características gerais da cobertura
nas emissoras de sinal aberto

Emissoras que cobriram o evento	Rede Globo de Televisão, Rede Minas, Rede Bandeirantes (ou Rede Band) e Rede TV!
Tempo geral concedido às matérias sobre a Expedição	59 minutos e 32 segundos
Tempo concedido ao Manuelzão após a Expedição (até o dia 22/10/03, que não será analisado nesta pesquisa)	12 minutos e 34 segundos
Número de matérias veiculadas sobre a Expedição	24
Matérias ao vivo	5
Matérias editadas	19
Matéria com menor tempo	49 segundos
Matéria com maior tempo	5 minutos e 14 segundos
Média simples de tempo por matéria	2 minutos e 29 segundos, aproximadamente

O GRAF. 2 mostra que a Rede Globo e a Rede Minas foram as duas emissoras que mais deram cobertura ao evento.

c) Comparações da cobertura por emissoras

No Quadro 3, realizamos uma comparação mais detalhada da cobertura da Expedição em cada emissora que veiculou matérias sobre o evento. Mais uma vez, é possível demonstrar que, além de representar a maior fatia de tempo da cobertura, a Rede Globo apresentou matérias sobre a Expedição em quatro diferentes programas jornalísticos – produzindo um total de 15 matérias. Já a Rede Minas e a Rede Bandeirantes apresentaram o evento nos dois telejornais diários das emissoras: – a primeira elaborou 6 matérias, e a segunda 2 –, enquanto a Rede TV expôs o evento em apenas um de seus telejornais, produzindo somente 1 matéria durante toda a Expedição.

QUADRO 7 – Comparações da cobertura nas emissoras de sinal aberto

Emissoras	Rede Globo	Rede Minas	Rede Band	Rede TV!
Tempo de cobertura da emissora	29 minutos e 50 segundos	18 minutos e 56 segundos	7 minutos e 53 segundos	2 minutos e 53 segundos
% da cobertura em relação ao tempo geral na mídia	50,12%	31,81%	13,25%	4,85%
N° de matérias	15	6	2	1
Matérias ao vivo	2	2	1	0
Matérias editadas	13	4	1	1
Programas que realizaram as matérias	Bom dia Minas, MGTV 1ª Ed., MGTV 2ª Ed. e Fantástico	Jornal Minas 1ª Ed. e Jornal Minas 2ª Ed.Estado	Band Minas 1ª Ed. e Band Minas 2ª Ed.	Jornal da TV
Abrangência dos programas	Os 3 primeiros em MG, e o Fantástico em todo o território nacional	de Minas Gerais	Estado de Minas Gerais	Todo o território nacional

b) Gráficos gerais sobre a cobertura

O Gráfico 1 indica, de forma geral, o percentual de tempo em que a Expedição esteve visível na mídia televisiva durante seu período de realização, em todas as emissoras que cobriram o evento.

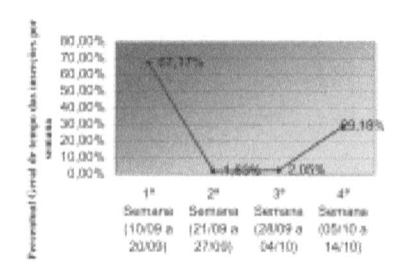

GRÁFICO 1 – A visibilidade da Expedição
na Mídia durante seu período de realização

Em relação ao GRAF. 1, é importante notar como o maior pico de visibilidade da Expedição ocorreu na primeira semana do evento, alcançando segundo lugar a última semana. Nas outras duas semanas, somente a Rede Globo de Televisão cedeu espaço ao evento (como veremos em outros gráficos adiante), mesmo assim, muito pequeno se comparado aos dois maiores picos de visibilidade.

O gráfico 2 mostra o percentual de tempo das matérias veiculadas sobre a Expedição por emissora que cobriu o evento.

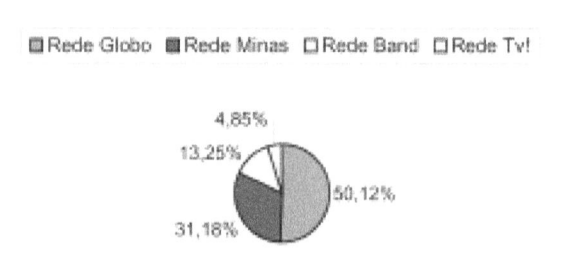

GRÁFICO 2 – Percentual de tempo das matérias
veiculadas sobre a Expedição por emissora

d) O percentual de tempo da cobertura em cada emissora, por semana da Expedição

Nos gráficos a seguir, é possível visualizar como cada emissora televisiva distribuiu sua cobertura de tempo da Expedição Manuelzão Desce o Rio das Velhas durante as quatro semanas do evento.

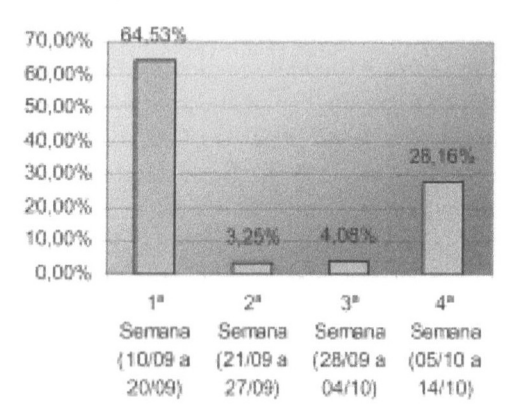

GRÁFICO 3 – Percentual de tempo das matérias veiculadas pela Rede Globo sobre a Expedição por semana

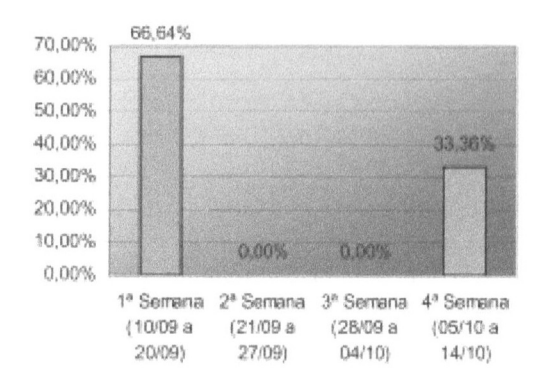

GRÁFICO 4 – Percentual de tempo das matérias veiculadas pela Rede Minas sobre a Expedição por semana